OS PROTETORES
INVISÍVEIS

C. W. Leadbeater

OS PROTETORES
INVISÍVEIS

© Publicado em 2012 pela Editora Isis Ltda.

Supervisor geral: Gustavo L. Caballero
Revisão de textos: Gabriela Edel Mei
Diagramação: Décio Lopes

**CIP-Brasil. Catalogação na Fonte
Sindicato Nacional dos Editores de Livros, RJ**

Leadbeater, C. W.

C. W. Leadbeater / Protetores Invisíveis – São Paulo: Editora Isis, 2012. – 1ª Edição

ISBN 978-85-8189-016-6

1. Parapsicologia 2. Ocultismo I. Título.

Proibida a reprodução total ou parcial desta obra, de qualquer forma ou por qualquer meio seja eletrônico ou mecânico, inclusive por meio de processos xerográficos, incluindo ainda o uso da internet sem a permissão expressa da Editora Isis, na pessoa de seu editor (Lei nº 9.610, de 19.02.1998).

Direitos exclusivos reservados para Editora Isis

EDITORA ISIS LTDA
www.editoraisis.com.br
contato@editoraisis.com.br

Índice

I. Crença Universal 7

II. Alguns exemplos modernos 16

III. Experiência pessoal 24

IV. Os Protetores 29

V. Realidade da vida suprafísica 37

VI. Intervenção oportuna 41

VII. História de um Anjo 44

VIII. História de um incêndio 50

IX. Materialização e repercussão 55

X. Os dois irmãos 61

XI. Evitando um suicídio 68

XII. A criança perdida 72

XIII. História de Ivy 77

XIV. Casos típicos comuns 84

XV. Naufrágios e catástrofes 91

XVI. A ação entre os mortos 96

XVII. A obra na guerra 110

XVIII.	Outros aspectos da tarefa	128
XIX.	Qualidades necessárias	133
XX.	O caminho probatório	142
XXI.	O caminho propriamente dito	150
XXII.	O Além	159

I

Crença Universal

Uma das mais belas características da Teosofia é a de apresentar às pessoas, verdades, realmente consoladoras e de grande proveito para elas dentro das religiões em cujo seio cresceram e se educaram de um modo mais racional.

Muitos dos que romperam a crisálida da fé cega, e nas asas da razão e da intuição remontaram ao mais elevado nível da nobilíssima e libérrima vida intelectual, deixaram de ver, não obstante, no desenvolver desse glorioso progresso, que ao renunciar às crenças da sua infância, perderam a poesia e o encanto da vida. Contudo, se sua conduta no passado, foi suficientemente boa para aproveitar, por este meio, a oportunidade de receber a influência benéfica da Teosofia, muito rapidamente descobrirão que não perderam tudo, mas que ainda, ganharam mais; que a glória, a beleza e a poesia resplandecem com maior intensidade do que podiam esperar de início; e não como prazenteiro sonho do qual, a qualquer tempo, os desperta bruscamente a fria luz dos sentidos orgânicos, mas como verdades de natureza investigável, que quanto melhor compreendidas, chegarão a ser robustas, perfeitas e evidentes.

Notável exemplo desta benéfica ação da Teosofia, é a maneira como o mundo invisível (que antes de ampliarmos a onda enorme do materialismo, foi considerado como fonte de todo recurso humano) tem sido restituído por ela à vida moderna.

A Teosofia demonstra que não são simples superstições sem significado algum, mas fatos naturais com fundamento científico, crenças, fábulas e tradições populares a respeito dos duendes, gnomos, fadas, espíritos do ar, da água, dos bosques, montanhas e cavernas. Para a eterna pergunta *"se o homem vive depois de morto"*, responde a Teosofia com científica exatidão e, seus ensinamentos sobre a natureza e das condições da vida do além-túmulo irradiam eflúvios de luz sobre muitos problemas metafísicos que, pelo menos, para o mundo ocidental estavam, a priori, sumidos em trevas impenetráveis.

Nunca será demais repetir que, quanto a estes ensinamentos relativos à imortalidade da alma e à vida futura, a Teosofia coloca-se em posições totalmente distintas das que ocupam as religiões confessionais; pois não apoia estas profundas verdades na única autoridade de antiquíssimas Escrituras ou Livros Sagrados, senão que, prescindindo de opiniões ultra piedosas e especulações metafísicas, atém-se a fatos positivos e reais e tão ao nosso alcance como o ar que respiramos ou as casas em que vivemos; fatos que muitos de nós experimentamos constantemente e que são a ocupação diária de alguns dos nossos estudantes.

O autor deste livro expõe o que lhe é familiar, desde há mais de quarenta anos e para ele muito mais real e importante do que as coisas do plano físico.

Suponho que a maior parte dos meus leitores já tenha um conceito geral, teosófico do mundo do além, que não está muito afastado nem é intrinsecamente diferente do terrestre, senão, pelo contrário, sua continuação, uma vida sem o impedimento do corpo físico e que para os intelectuais e artistas é infinitamente superior à terrena, ainda que por vezes, pareça monótona aos que não estão desenvolvidos: nem intelectual, artística ou espiritualmente.

Na vida do além-túmulo, a mesma que na terrena, há muitos necessitados de auxílio e devemos estar dispostos a ser-lhes prestativos, de modo como pudermos, pois abundante é a tarefa a fazer e diversos os meios para realizá-la.

A ideia de prestar auxílio no mundo de ultra túmulo não é peculiar dos teósofos; mas até que a Sociedade Teosófica a expôs, não se levou à prática científica e definidamente, ainda que nem todos os protetores sejam membros da mencionada Sociedade.

Os mortos ajudaram sempre aos mortos e às vezes tentaram consolar os vivos; mas me parece que até a divulgação dos ensinamentos teosóficos, poucos viventes atuaram de uma maneira direta no mundo astral. Não obstante, grande número de viventes vem atuando indiretamente com suas orações pelos mortos e ainda que este esforço costume parecer algo vago, porque a maioria daqueles que o faz, não conhece as verdadeiras circunstâncias da outra vida, não são estéreis as orações dos católicos romanos em sufrágio daqueles que morreram na fé e no temor a Deus.

A oração não é necessária no sentido em que o Oraste se configure, nem tampouco, há necessidade de dizer a Deus o que nos agradaria que fizesse; mas nem por isso, a oração deixa de produzir seu efeito, porque equivale a um copioso fluxo de energia derramada nos planos superiores, um potente esforço mental e emocional, um mundo governado por leis não pode ter esforço sem resultado, já que a ação e a reação estão inextricavelmente enlaçadas e qualquer esforço, seja físico, emocional ou mental, deve produzir algo da índole de um efeito ou reação, de sorte que indubitavelmente as orações pelos mortos hão de produzir efeito neles, pois vertem um copioso fruto de energia espiritual e beneficiam e ajudam na evolução do defunto. Portanto, ainda sem conhecer a possibilidade de atuar diretamente nos planos superiores, sempre influíram os vivos nos defuntos. Talvez alguém pergunte por que, se a Grande Fraternidade Branca dos Adeptos existia antes da divulgação dos ensinamentos teosóficos, não prestaram o dito auxílio dos Mestres ou seus discípulos. A isso responderemos que é necessário compreender que os Mestres ou Adeptos estão ocupados em tarefas de muito maior importância.

Nossas ideias a respeito da importância das coisas são inteiramente desproporcionais, pois cremos que tudo quanto se refere a nós é de capital importância, sem percebermos que as forças operantes na evolução da humanidade, não atuam singularmente nos indivíduos nem em grupos de indivíduos, mas coletivamente em milhares de pessoas.

Não é possível que os Adeptos empreguem o tempo em tarefas desta índole. Seus discípulos puderam ocupar-se com elas; mas até que a Teosofia difundiu estas ideias pelo Ocidente, a maior parte dos discípulos dos Mestres era natural da Índia e quem quer que conheça algo da religião hinduísta, compreenderá que não ocorreria aos seus fiéis, a ideia de auxiliar individualmente os defuntos, pois seu conceito do estado posterior à morte do corpo físico é de que o ego se identifica com alguma representação da Divindade e assim progride notavelmente.

Não duvidam de que uma vez logrado o avanço, poderiam ser úteis à humanidade, mas dificilmente antes da etapa intermediária, isso é, antes de alcançar a referida evolução. Além do mais, os hinduístas sentem pouca necessidade de auxiliar seus mortos, porque sua religião ensina-lhes as condições em que se hão de encontrar depois da morte, de modo que, ao morrer, um hinduísta não se alarma nem se conturba. A ideia de que o defunto necessite de auxílio depois da cerimônia comum Shraddha (1) (Devoção à memória e ao cuidado pelo bem estar dos parentes defuntos com uma oferenda em sua honra. Cerimônia análoga aos funerais, no rito católico romano), seria algo estranho para a mentalidade dos hindus e, portanto não organizaram a obra auxiliadora. Os teósofos que no princípio empreenderam este labor consideraram antes de tudo que não deviam desperdiçar horas de sono, além do mais, a mencionada obra oferecia dilatado campo para a útil atividade de quantos conhecessem algo das condições do mundo astral. Assim se entregaram a ela e fizeram o quanto foi possível. Também houve outras religiões que ensinaram minuciosamente as circunstâncias da vida após a morte. Assim o fez a religião egípcia, mas seus métodos eram gigantes e seus fiéis não tinham ideia da geração, isso é, que conheciam muitíssimos casos sem deles inferir regras gerais.

No Livro dos Mortos, nós encontramos um enorme número de pormenores, e em cada caso se computava cuidadosamente o método seguido, ainda que nunca compreendessem que todos estes métodos eram manifestações da vontade humana e uma rígida vontade podia realizá-los sem um exaustivo conhecimento, de modo que eram necessários seus encantamentos e suas estranhas orações.

Até quando a Teosofia explicou o assunto, não houve no Ocidente, nenhuma afirmação sobre o mundo do além-túmulo que estivesse em harmonia com os modernos conceitos da ciência. O espiritismo fez algo no sentido de copiar informações, mas seus métodos eram esporádicos e não disse em conjunto grande coisa sobre o outro mundo. Creio que a Teosofia conseguiu, ao aplicar o espírito científico ao problema do mundo invisível, tabulando suas observações e traçando um sistema coerente. Evidentemente que não temos prerrogativa especial nisso, pois qualquer habitante inteligente do mundo astral poderia conhecê-lo como nós o conhecemos e assim achamos frequentemente alguns pormenores que nos chegam por duto distinto do teosófico, ainda que por costume, registremos esta procedência.

Mais frequente seria esta circunstância, se maior parte dos habitantes do mundo astral tivessem mais aguda a faculdade de observação, pois só descrevem o que veem no seu entorno e não cuidam ou não acertam observar em conjunto as circunstâncias do mundo em que residem.

Quando começamos a atuar durante o sono do corpo físico, logo nos damos conta de que há muitas necessidades por satisfazer, tanto entre os vivos como entre os mortos. Emprego as palavras «vivos» e «mortos» no conceito vulgar; mas convém advertir que os chamados mortos estão muito mais vivos do que nós e por sua vez nos chamam mortos porque estamos sepultados nestas tumbas de carne e osso que interceptam as influências superiores. Nunca deploram sua condição, mas, antes, lamentam a nossa. Recordemos que durante o sono, todas as noites, abandonamos o corpo físico e então vivemos no mundo astral, livremente como qualquer defunto, ainda que possamos restituir-nos ao corpo físico, ao despertar, pela manhã.

Encontramos-nos com o habitante do mundo astral e podemos conversar com ele, cara a cara, o mesmo que conversamos diariamente com nossos amigos do mundo físico.

No mundo astral, da mesma forma que no físico, podemos consolar o aflito, ainda que no geral não possamos tornar-nos visíveis a quem está desperto em seu corpo físico, pois para isso é necessário materializar-se, ou seja, circundar o corpo astral em um véu de matéria física e esta arte é difícil de adquirir.

A toda hora é possível derramar amor e simpatia no aflito desperto em seu corpo físico; mas, para mostrar-se a ele e falar, é melhor que esteja dormindo.

Também é possível enviar-lhe correntes de suave energia que acalmem seus excitados nervos e o capacitem a conciliar o sono, se está insone. Assim mesmo, podemos aliviar a angústia mental enviando ao sofredor, carinhosos pensamentos e infundindo-lhe a ideia de que depois de tudo ainda poderia encontrar-se em pior situação do que a que se encontra temporariamente.

Às vezes, algo pode ser feito para tranquilizar uma pessoa tediosa ou excitada. Há milhões delas que jamais se veem livres do tédio e a miúdo, preocupam-se com coisas que não têm a menor importância. Tais pessoas estão enfermas animicamente e com os veículos superiores em condição mórbida. Há aqueles que duvidam de tudo e a dúvida é outra forma de enfermidade mental que pode curar-se ou pelo menos ser aliviada, infundindo no enfermo as ideias gerais da Teosofia.

Muitos deles são materialistas. Para eles, sua doutrina é de sentido comum, mas podemos lhes dizer que a duras penas merece o nome de doutrina, uma teoria que repele levar em conta os fenômenos suprafísicos e que no mundo astral são de mais fácil demonstração e mais notória prova do que no físico. Por outro lado, podemos auxiliar os necessitados de auxílio, despertando-lhes as qualidades de que carecem. Se tivermos um amigo tímido e nervoso, lhe enviaremos pensamentos de valor, energia e confiança. Se for propenso a ser duro e intolerante em seus juízos, o envolveremos em nuvens de amor e delicadeza. Mas esta obra há de se fazer com muitíssimo cuidado, sempre por suave sugestão e nunca imperiosamente.

Não é difícil infundir do mundo astral um vigoroso pensamento em uma pessoa e é possível dominá-la e constrangê-la por meio do pensamento a que se conduza em determinado sentido; devemos, porém, considerar este proceder inadmissível a partir de qualquer ponto.

Entre as belas ideias que a Teosofia nos restituiu, destaca-se a da ação auxiliadora de agentes da natureza. A crença neles tem sido universal desde os alvores da história e ainda hoje é, se excetuarmos os estreitos recintos religiosos do protestantismo, que desolou e encheu de trevas a consciência dos seus fiéis com o empenho de negar a natural e verdadeira ideia dos mediadores, reduzindo toda comunicação espiritual à direta, entre o homem e a Divindade, com o que, o conceito de Deus ficou infinitamente degradado e o homem, sem auxílio.

Não se necessita muito esforço de meditação para compreender que a vulgar ideia de Providência, o conceito de uma intervenção arbitrária entre o Poder Central do Universo e o resultado dos seus próprios decretos, suporia parcialidade ou privilégio, portanto, a interminável série de males que dela necessariamente emanariam.

Livre desta objeção encontra-se a Teosofia, porque ensina que o homem só recebe auxílio, quando, por suas ações passadas o merece, e que ainda assim, recebê-lo-á unicamente dos seres em posição superior ao seu nível psíquico. Este ensinamento conduz-nos à imemorial e já distante ideia de uma não interrompida escala de seres que desde o Logos desce até o povo que rasteja nossos pés. (1. A escada de Jacó).

A existência de protetores invisíveis sempre foi reconhecida no Oriente, ainda que se lhes tenha designado com diversos nomes e lhes atribuído diferentes características conforme o país. Na Europa se dão provas desta mesma crença, as contínuas intervenções dos deuses nos assuntos humanos, como relatam os historiadores gregos. Também a lenda romana atribui a Castor e Pólux mediação favorável às legiões da nascente república, na batalha do lago Regilo.

Semelhantes crenças não se desraigaram ao terminar a idade antiga, senão que, tiveram suas legítimas derivações nos tempos medievais, como demonstram as aparições de santos no momento crítico das batalhas (2. A legendária aparição do apóstolo Santiago na batalha dos Cravos pode assim, referir-se a esta ordem de mediações), para mudar a sorte das armas em favor das hostes cristãs; ou mesmo, aos anjos da guarda que, em ocasiões, salvam os peregrinos sem o celeste auxílio de perigos inevitáveis.

II

Alguns exemplos modernos

Ainda na descrença da modernidade e entre a ciência dogmática e a mortífera estultícia do protestantismo, pode-se encontrar, quem quer que se tome o trabalho de fixar-lhes a atenção, numerosos exemplos de mediação protetora, inexplicável a partir do ponto de vista do materialismo.

A fim de dar ao leitor a prova disso, resumirei brevemente alguns exemplos de escritores verdadeiros, além de alguns outros que adquiri através de notícias diretas. Circunstância muito compreensível nestes recentes exemplos, é que, conforme parece, a mediação teve quase sempre por objeto proteger ou salvar a infância.

Há poucos anos, aconteceu em Londres um interessante caso relacionado com a salvação de uma criança, em um terrível incêndio que irrompeu próximo ao bairro de Holborn, destruindo por completo duas casas. As chamas haviam tomado tal violência antes de se advertir do sinistro, que os bombeiros precisaram deixar que o fogo devorasse as casas, concentrando todos os seus esforços em localizar o fogo e salvar os moradores. Lograram salvar a todos, exceto dois:

uma idosa que morreu asfixiada pela fumaça, antes que os bombeiros pudessem auxiliáá-la e uma criança de cinco anos, de quem ninguém se havia lembrado entre a aflição e o pânico que causara nos inquilinos o alarme de fogo. Não obstante, semelhante esquecimento trazia seu fundamento psicológico, porque a criança não vivia comumente naquela casa, senão que, obrigada por sua mãe a ir a Clochéster para assuntos de família, a havia confiado naquela noite, à hospitalidade de um familiar que era precisamente inquilino de uma das casas incendiadas. Assim é que, quando todos estavam a salvo e os edifícios envoltos em chamas, lembrou-se a pobre mulher, com espanto, da criança cuja custódia lhe haviam confiado. Vendo-se impotente de voltar à casa e chegar até o local onde estava a criança, prorrompeu em desesperado pranto; mas um bombeiro, atirando-se então em um desesperado e supremo esforço e inteirado pela moradora da exata situação do local, penetrou heroicamente por aquele inferno de fogo e fumaça. Em poucos minutos reapareceu com a criança sã e salva, sem o mínimo chamuscado. O bombeiro contou que o local estava ardendo e com a maior parte do solo fundido, mas as chamas, contrário à sua natural propensão, retorciam suas línguas para a janela de modo tal, como jamais lhe ocorrera em sua longa experiência do ofício, deixando inteiramente intacto o ponto onde estava a cama da criança, ainda que se vissem meio queimadas as vigas do teto. Disse também, que havia encontrado a criança presa de natural terror, mas que, ao aproximar-se dela, com sério perigo da sua vida (e isso declarou o bombeiro repetidas vezes) viu uma figura como um anjo «gloriosamente alvo e resplandecente, inclinado sobre a cama, em atitude de cobrir a criança com a colcha». Estas foram suas últimas próprias e exatas palavras. Acrescentou depois que não havia sido vítima de alucinação alguma, porque o anjo estava rodeado de um nimbo de luz e pode vê-lo nitidamente por alguns tantos segundos antes que se dissipasse a sua figura ao aproximar-se da cama, onde permanecia a criança.

Outra circunstância curiosa deste acontecimento foi que, naquela mesma noite, a mãe da criança não pode conciliar o sono no seu alojamento de Colchester, vendo-se continuamente atormentada pela tenaz ideia de que seu filho estava ameaçado por uma desgraça. Tão persistente foi o pressentimento, que por fim se levantou para impetrar fervorosamente ao Céu que protegesse a criança e que a salvasse do perigo que se acercava dela. A intervenção foi assim evidentemente milagrosa, o que um cristão chamaria de «resposta a uma prece»; mas um teósofo, expressando a mesma ideia com frase mais científica, dirá que o intenso desdobramento do amor maternal constituiu a força aproveitada por um dos nossos protetores para salvar a criança de uma espantosa morte.

Outro caso de milagrosa proteção à infância ocorreu nas ribeiras do Tâmisa, próximo de Maidenhead, poucos anos antes do já referido. Desta vez o perigo não proveio do fogo, mas da água. Três pequeninos que, se mal me recordo, viviam no povoado de Shottesbrook ou perto dali, foram dar um passeio com sua babá pela margem do rio. De repente, em uma virada um cavalo que rebocava uma lancha veio para cima deles e na confusão, pelo temor de serem atropeladas, duas das crianças adiantaram-se e tropeçando caíram no rio. O barqueiro, ao perceber o acidente, lançou-se com a intenção de salvá-los, com espanto, viu como flutuavam milagrosamente sobre a água, movendo-se suavemente até a margem. Isso foi o que o barqueiro e a babá presenciaram; as crianças referiram conjuntamente que "um formoso jovem de resplandecente brancura" havia estado junto deles na água, sustentando-os e guiando-os para a margem. A filha do barqueiro, que acudiu aos gritos da babá, do seu casebre, disse, corroborando com o relato das crianças, que ela também havia visto como um "formoso senhor" os conduzia até a margem.

Sem conhecer todos os pormenores do caso exposto, é impossível assegurar que espécie de protetor era este anjo, contudo, a opinião mais razoável, inclina-se a supô-lo como um ser humano de adiantado aperfeiçoamento que atuava no plano astral.

O conhecido sacerdote, Dr. Juan Mason Neale, cita um caso em que se deixa ver mais explicitamente a ação protetora. Conta o reverendo Mason que um homem viúvo foi visitar com seus filhos, a casa de campo de um amigo. A casa era velha, estava destelhada e no andar de baixo havia extensos e obscuros corredores, onde as crianças prazerosamente gostavam de brincar e se esconder. Naquela ocasião quiseram subir ao primeiro andar. Dois deles disseram que, ao passar por um dos corredores, lhes havia aparecido sua mãe, mandando-os retroceder. Examinando o lugar evidenciou-se que ao subirem, as crianças alguns degraus a mais, teriam caído num pátio descoberto, interposto no seu caminho. A aparição de sua mãe salvou-os de uma morte certa.

Neste exemplo, parece indubitável que a mesma mãe estivesse zelando por seus filhos a partir do plano astral e que, conforme sucedeu em alguns casos, seu intenso desejo de protegê-los do perigo em que tão descuidadamente iam perecer, deu-lhe a faculdade de manifestar-se visível e audivelmente por um instante a seus filhos; ou talvez, somente a faculdade de sugerir-lhes a ideia de que a viam e a escutavam.

É possível também, que qualquer outro protetor, para não amedrontar as crianças, tomasse a figura da mãe, mas a hipótese, a mais racional, é atribuir a mediação dos efeitos do sempre vigilante amor materno, sutilizado ao cruzar os umbrais da morte; porque este amor, um dos mais santos e abnegados sentimentos humanos, é também um dos mais persistentes nos planos supra-físicos.

Não só cuida e vela por seus filhos, a mãe que mora nos níveis inferiores do plano astral e, por conseguinte, roçando a terra, mas que, ainda, depois de remontar às esferas celestiais, mantém sem fraqueza, o pensamento dos seus filhos e a opulência de amor que derrama sobre as imagens que deles forja, constitui um potente transbordamento de força espiritual que flui sobre seus pequenos, todavia, sujeitos às condições deste mundo inferior, rodeando-os de vívidos núcleos de benfeitora energia que bem poderiam ser considerados como verdadeiros anjos da guarda. Assim o demonstra um caso que há algum tempo chegou ao conhecimento dos nossos investigadores.

Uma mãe falecida há vinte anos, deixou dois filhos que havia amado profundamente. Eram, pois, seus dois filhos, as preeminentes figuras em sua vida celeste e pensava neles, tal como os havia deixado ao morrer, na idade de quinze e dezesseis anos, respectivamente. O amor que dedicava a eles no mundo celeste atuava beneficamente nos filhos que iam crescendo no mundo físico, porém, os dois não lhe afetavam no mesmo grau, não porque o amor da mãe fosse mais intenso de um para o outro, mas porque havia muita diferença entre as imagens, ainda que a mãe não o percebesse. Não obstante, os observadores notaram que uma das imagens se contraía a uma forma mental da mãe, sem realidade subjacente, enquanto que a outra estava animada por vívida energia. Ao indagar a causa de tão interessante fenômeno, descobriu-se que no primeiro caso, um filho dedicara-se ao comércio e ainda que não fosse mau, carecia de espiritualidade, enquanto que o outro filho havia chegado a ser homem de elevadas e altruísticas aspirações e de refinada cultura, de modo que a consciência do ego estava muito mais evoluída do que no seu irmão e era, portanto, capaz de animar a imagem que dele havia forjado sua mãe no mundo celeste.

O bispo de Londres crê que algumas crianças podem ver os anjos. Em um sermão proferido na Catedral de São Paulo, disse que Deus e os anjos estavam sempre próximos de nós e em consequência não se podia considerar alucinado, o menino que afirmava ter visto um anjo.

A este propósito, referiu-se que estando uma vez dando a crisma na Abadia de Westminster, encontrava-se entre os fiéis uma menina de treze anos que havia ido com sua mãe presenciar a confirmação do seu irmão. Sem que recebesse sugestão alguma, durante a cerimônia exclamou a menina: *"Vê, mamãe?" "O que devo ver filha?"* Respondeu a mãe. E a menina respondeu: *"anjos, de um e de outro lado do bispo".* Se for certo que os corações limpos veem a Deus, não seria possível que uma menina de coração perfeitamente puro visse o que não podiam ver os adultos?

Também contou o bispo, o caso de cinco meninas cujo pai estava gravemente doente. A menor foi para a cama, mas em seguida saiu do seu quarto exclamando: *"Venham ver! Dois anjos sobem pela escadaria!"* Ninguém pôde ver nada, após um breve momento a menina gritou de novo: *"Venham! Os anjos descem pela escada e papai vai com eles!"* As cinco meninas viram o que a menor dizia e ao entrarem no quarto de seu pai, ele já estava morto.

Não faz muitos anos, a filha menor de outro bispo anglicano foi passear com a mãe pelas ruas da cidade onde moravam e ao cruzar inadvertidamente de uma a outra calçada, a menina foi atropelada por um veiculo que vinha em sua direção. Sua mãe, vendo-a entre as rodas do carro, atirou-se com o natural temor de que houvesse recebido grave dano, mas a menina levantou-se ilesa do solo, dizendo: *"Mamãe! Não se preocupe, porque alguém, vestido de branco, evitou que o carro me ferisse e não tive medo"*.

Um caso ocorrido no condado de Buckingham, perto de Burnham Beeches é notável por haver persistido durante bastante tempo a manifestação física do auxílio espiritual. Nos exemplos anteriores, a intervenção foi de breves instantes, no entanto no que vamos narrar, o fenômeno durou mais de meia hora.

Duas crianças de um modesto agricultor ficaram brincando na soleira, enquanto seus pais e os moços da lavoura estavam no campo ocupados na colheita. Ansiosas por brincar no bosque, as crianças afastaram-se demasiado de casa e não encontravam o caminho de volta. Quando os fatigados pais regressaram, ao escurecer, sentiram a falta das crianças e depois de procurá-las pela vizinhança, enviaram os seus empregados diaristas na busca em diferentes direções. Não obstante, toda a procura resultou inútil, retornando ao sítio com semblante aflito; foi então, viram ao longe uma luz estranha que se movia lentamente através dos campos rentes com a estrada. A luz tinha a forma de uma esfera de cor dourada, completamente diferente de uma luz artificial, permitindo distinguir os dois pequenos que brincavam no campo iluminados pela prodigiosa claridade. Os pais e seus empregados correram imediatamente até o lugar, persistindo ainda a luz até que, reunidos com as crianças extraviadas, se desvaneceu na total escuridão.

O que aconteceu, neste caso, foi que ao chegar à noite e vendo-se perdidos, os pequenos perambularam pelo bosque. Depois de pedirem socorro aos gritos, durante algum tempo, o sono os rendeu ao pé de uma árvore. Logo, de acordo com o que eles mesmos disseram, foram acordados por uma bela senhora que trazia uma lâmpada e que, tomando-os pelas mãos, ia encaminhando-os para casa, quando seus pais os encontraram. Por mais que as crianças dirigissem algumas perguntas à aparição, ela não fazia mais do que sorrir sem pronunciar palavra. As duas crianças demonstraram tal convencimento no relato, que não houve meio de quebrar sua fé no que haviam visto. Digno de menção, não obstante, ainda todos viram a luz e puderam distinguir perfeitamente as árvores que estavam dentro do círculo de iluminação. Para nenhum deles, senão para as crianças, foi visível a aparição.

III

Experiência pessoal

Os exemplos relatados são conhecidos e aquele que deseje, pode lê-lo nos livros que foram publicados e particularmente no Dr. Lee, intitulado: "Mais vislumbres do Mundo invisível"; mas aos que agora vou me referir não são de domínio público, nem foram editados antes, tendo acontecido a mim mesmo um dos casos e outro ao nosso insigne Presidente, cujo escrupuloso espírito de observação desvanece a mais ligeira sombra de dúvida.

O caso a que pessoalmente me atenho é muito simples, ainda que não seja de pouca relevância para mim, uma vez que nele salvei minha vida.

Em uma noite de tempestade, eu ia por uma das ruas adjacentes a Westbourne Grove, lutando para manter aberto o guarda-chuva contra as violentas rajadas de vento que a cada instante ameaçavam arrebatá-lo das mãos, sem que o esforço físico me distraísse de pensar nos pormenores de um trabalho literário, que já havia começado. De repente me surpreendeu o som de uma voz muito conhecida, a de um Mestre, que gritou ao meu ouvido: "*Retrocede*." Rápido como o pensamento, obedecendo maquinalmente ao aviso, voltei atrás e com a violência do movimento, escapou meu guarda-chuvas, ao mesmo tempo em que quatro passos adiante, estraçalhava-se contra o pavimento da rua, uma enorme cobertura de chaminé, quer dizer, no mesmo ponto por onde teria passado naquele instante, se a voz não me interrompesse. O grande peso desmoronado e a velocidade própria da queda bastavam para me derrubar, se de tão prodigioso modo, não me advertisse do perigo, a voz do Mestre.

Pela rua não passava ninguém e o percurso de cuja conhecida voz que tinha ouvido, era de onze quilômetros de distância, pelo que concerne ao seu corpo físico. Não foi esta a única ocasião em que recebi auxílio supranormal. Quando jovem, antes de fundar a Sociedade Teosófica, a aparição de uma pessoa amada e recentemente falecida, impediu-me de cometer um ato que agora considero delituoso e que então me parecia, não só justo, como também, louvável e necessário.

Em data mais recente, anterior também à fundação da Sociedade Teosófica, uma advertência recebida de elevadas esferas em circunstâncias muito emocionantes, incitou-me a aconselhar a um amigo, que não seguisse pelo caminho que havia empreendido, cujo término, conforme agora vejo, teria sido desastroso, ainda que então não tivesse eu motivo racional para supor. Mantenho minha firmíssima fé na existência de protetores individuais, ainda que, prescindindo do quanto sei, a respeito do auxílio que continuamente estão prestando em nossos dias.

O outro caso é muito mais surpreendente. Quando foi publicada a primeira edição deste livro, há mais de trinta anos, ainda que nossa querida Presidenta tenha permitido publicar vários relatos da sua obra e acontecimentos nos planos superiores, não quis que aparecesse seu nome; mas ao fim de tanto tempo, não há razão para que milhares dos seus admiradores se vejam privados do imenso prazer da identificação da heroína de tão formosas e admiráveis experiências, com um Mestre a quem tão profundamente ama e reverencia. Creio que perdoará se revelo um segredo guardado durante trinta anos.

Nossa Presidente encontrou-se certa vez, em um grave perigo. Por circunstâncias, que não preciso referir, viu-se envolta numa briga de rua e atacada por vários homens com intenção de derrubá-la ao solo, de modo que parecia completamente impossível, escapar com vida do lance. Subitamente experimentou uma estranha sensação, como se fosse arrebatada de entre a contenda, para depois se achar, completamente só e salva, em uma ruazinha paralela àquela onde estava ocorrendo o distúrbio, cujo rumor ouvia-se à distância. Absorta no pensamento do que lhe havia sucedido, viu três homens fugindo da briga, os quais, ao vê-la, demonstraram grande assombro ao perceber o desaparecimento da valorosa dama, quando creram que a tivessem derrubado ao solo. Não podendo, a senhora, dar outra explicação ao ocorrido e regressou confusa, para casa, mas ao referir-se a isso, algum tempo mais tarde, a senhora Blavatsky, disse a ela que um Mestre havia enviado alguém para protegê-la, em consideração a que, pelo seu carma, estava destinada a livrar-se daquele perigo e aplicar sua vida em obras meritórias.

De qualquer modo, o caso é realmente extraordinário, não só pelo grande poder exercido, mas pelo prodigioso modo de exercê-lo. Não é difícil supor o *modus operandi*.

A senhora teve de ser levantada no ar por cima das casas e colocada instantaneamente de pé sobre o pavimento da rua paralela; mas, como seu corpo físico não foi visível durante o transporte aéreo, é de supor que o cobrisse um véu de matéria etérea. Poder-se-á fazer objeção de que o que oculta um corpo físico deve ser também substância física, portanto visível, mas a isso replicaremos, dizendo que por um procedimento muito familiar aos estudantes de ocultismo, é possível desviar curvilineamente os raios de luz (que, conforme as leis até hoje conhecidas pela ciência, só se emitem em linha reta, exceto quando se refratam), de modo que depois de passar ao redor de um objeto, tornem a continuar exatamente sua primitiva direção. Disto se infere que, em determinadas condições, será um objeto absolutamente invisível para o olhar físico, até que os raios de luz lhe restituam sua normal trajetória. Estou completamente convencido de que bastará esta única hipótese para que os homens de ciência destruam por absoluto a minha explicação, mas, limito-me a expor uma possibilidade natural, que, sem dúvida, a ciência do porvir descobrirá e os que não sejam estudantes de ocultismo devem esperar até então a corroboração da minha teoria. Como disse, o procedimento será de fácil compreensão para os que conheçam a mínima parte das forças ocultas da natureza, mas o fenômeno é eminentemente dramático.

Outro caso de interposição, talvez menos surpreendente, mas de felicíssimo resultado, chegou ao meu conhecimento depois de publicada a primeira edição deste livro.

Uma senhora viu-se na urgência de fazer sozinha uma longa viagem por estrada de ferro e teve a precaução de reservar uma cabine. Apenas o trem partiu, um homem de má aparência entrou e sentou-se no extremo oposto a que se encontrava a senhora, que se alarmou demais ao ver-se só com um sujeito de tão estranha figura e como já era muito tarde para pedir auxílio, sem mover-se do seu assento, recomendou-se ao seu santo padroeiro. Rapidamente se redobraram os temores da senhora, quando aquele homem levantou-se e, dirigindo-se a ela com gesto ameaçador, apenas dado um passo, retrocedeu pasmo de terror. O intruso surpreendeu-se ao ver diante dela um cavalheiro que o olhava serena e firmemente e que não poderia ter entrado por meios comuns. A surpresa selou seus lábios e esteve contemplando-o em silêncio, durante meia hora, mas o cavalheiro, sem pronunciar uma só palavra, não tirava a vista do malfeitor que se mantinha tremendo, recolhido num canto. Ao chegar o trem na primeira estação, o suspeito escapou mais do que depressa pela portinhola. A senhora, profundamente agradecida por ver-se livre do importuno, dispôs-se a mostrar sua gratidão ao cavalheiro e encontrou o assento vazio, ainda que fosse impossível que um corpo físico houvesse descido do vagão em tão breve tempo.

A materialização manteve-se neste caso, por um período mais extenso do que o usual, por outro lado, não se consumiu energia em ação, nem tão pouco era necessário, porque bastou à aparição para produzir o efeito desejado. Não obstante, estes casos referem-se ao que comumente se chama de mediação angélica, que nos dão incompleta mostra da atividade dos nossos protetores invisíveis. Antes de considerar outras ações de intervenção convêm que tenhamos a ideia exata das diversas ordens de entidades a que podem pertencer estes protetores.

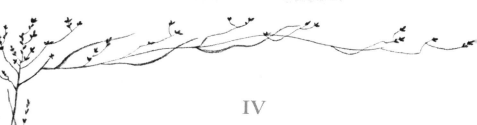

IV

Os Protetores

Várias das muitas classes de habitantes do plano astral podem conceder-nos sua proteção. Assim, haverá procedimentos alternados dos Devas, dos espíritos da natureza ou daqueles aos quais chamamos mortos, como também, dos que, na vida, atuam conscientemente no plano astral, sobretudo, os Adeptos e seus discípulos.

Se examinarmos, porém, mais detidamente a questão, veremos que ainda que todas as referidas ordens possam tomar e algumas tomem parte das tarefas protetoras, é tão desigual sua participação nelas, que quase devemos enquadráá-los em uma só classe. O fato indubitável de que esta obra de proteção se realiza desde o plano astral ou mais além dele, entranha em si mesmo toda explicação. Quem quer que tenha ideia, ainda que seja incipiente, do que são as forças submetidas à vontade de um Adepto, compreenderá que se este funcionasse no plano astral, seria necessário desgastar tanta energia como se um físico eminente desperdiçasse o tempo em quebrar pedregulhos de um caminho. A obra do Adepto tem seu ambiente em elevadas esferas e com mais solvência nos três subplanos superiores do plano mental ou mundo celeste, a partir de onde, enfocando suas energias, pode influir na verdadeira individualidade do homem e não unicamente na personalidade que seria o único fim exequível nos planos astral e físico.

O vigor que o Adepto infunde naquele excelso reino, produz resultados muito maiores, mais transcendentes e duradouros do que os que pudesse alcançar desdobrando muito mais força nos planos inferiores.

O trabalho superior é o único que pode realizar aplicadamente e enquanto, o iniciado fosse da sua própria esfera, hão de terminá-lo aqueles que galgam os primeiros degraus da escala celestial aonde algum dia ascenderão às alturas e onde mora o Adepto. A mesma consideração é aplicável ao caso do deva cujo labor parece não ter na sua maior parte relação alguma com a humanidade, porque pertencem a um reino da natureza muito superior ao nosso. E aqueles, dentre suas diversas ordens, que às vezes se compadecem das nossas misérias e respondem às nossas impetrações, atuam antes no plano mental do que no astral e físico, preferindo ao efeito, os períodos entre as encarnações, aos das vidas terrenas.

Convém recordar, que alguns destes casos de proteção supranormal foram observados durante as investigações acerca dos sub-planos do plano mental, empreendidas quando estava em preparo o trabalho concernente à matéria. Entre os casos observados, vale citar o de uma corista, a quem um deva ensinou um canto celeste de maravilhosa melodia e o de um astrônomo, a quem outro deva de distinta categoria que o do primeiro caso, ajudou nos seus perseverantes estudos sobre a forma e a estrutura do Universo.

Este dois exemplos são mostras dos muitos casos, em que do vasto reino dos Devas, fluíram auxílio para o progresso da evolução humana e respostas às aspirações do homem depois da morte. Por outro lado, há meios de conseguir que estes elevados seres se aproximem de nós, ainda, durante a vida terrena e nos comuniquem infinidade de conhecimentos, se bem lográssemos mais profundamente esta interlocução alçando-nos ao seu plano, que invocando para que desçam até nós.

O Deva intervém muito raramente nos acontecimentos cotidianos da nossa vida mortal, pois está tão plenamente ocupado nas sublimes tarefas do seu próprio plano, que, com dificuldade se dá conta do que sucede no físico. Ainda que às vezes se chegue a perceber alguma aflição ou miséria humana que excite sua piedade e o mova a conceder seu auxílio de algum modo, reconhecer com previsão que no atual período evolutivo semelhante auxílio produziria mais males do que bens na imensa maioria dos casos.

Indubitavelmente, houve uma época na infância da humanidade, durante a qual receberam os homens mais frequente proteção do céu do que em nossos dias. Os Budas e Manus de então e ainda os mestres e guias menores procediam da corte dos Devas ou da aperfeiçoada humanidade de outro planeta mais adiantado, devendo, tão excelsos seres, dar ao homem a proteção de que tratamos.

Conforme progride o homem, porém, chegará a ser por si mesmo apto a atuar como protetor, primeiro no plano físico, depois nos superiores e alcançando então a humanidade o grau de aperfeiçoamento em que possa prover e prever por si mesma, os protetores invisíveis ficarão livres para cumprir as mais úteis e elevadas tarefas de que sejam capazes. Não obstante, na época presente, há de se levar em conta outro fator.

No processo da sua evolução, cada um dos Sete Raios, alternativamente dirige e auxilia o mundo. Precisamente agora, começa um período em que predomina a influência do Sétimo Raio, uma de cujas mais assinaladas características é a de fomentar a cooperação entre os reinos humano e dévicos, que se irão relacionando cada vez mais estritamente no futuro imediato e seu próximo envolvimento poderá, provavelmente, manifestar-se na multiplicação de casos de auxílio individual e comunicação, assim como também na colaboração dos magnificentes cerimoniais de várias classes. (1) (Veja-se a este propósito para mais ampla informação, as obras: Os Mestres e o Caminho, de Leadbeater e Os Sete Raios de Ernesto Wood, Biblioteca Orientalista e Editorial Teosófica. Barcelona. Apartado 787). Desta maneira se compreende que a proteção a que nos referimos, provém precisamente de homens e mulheres situados em certo grau da sua evolução, mas não dos Adeptos, cuja aptidão é aplicada às mais proveitosas e transcendentes obras, nem dos seres comuns carentes de certo desenvolvimento espiritual que não foram capazes de utilizar.

Assim considerando, vemos que a ação protetora no plano astral e no mental inferior, pertence principalmente aos discípulos dos Mestres, aos homens que, todavia, distantes do Adepto, evoluíram até o ponto de atuar conscientemente em referidos planos. Alguns deles alcançaram o último degrau que serve de corrente entre a consciência física e a de mais altos níveis, tendo, portanto, a indubitável vantagem de recordar, em estado de vigília, o que fizeram e aprenderam em outros mundos, mas também há muitos que, ainda sendo incapazes de dilatar sua consciência até o ponto de conservá-la constantemente não por isso desperdiçam as horas em que creem que dormem, mas que as emprega em nobres e altruístas obras em proveito do próximo.

Antes de considerar o que estas obras representam, examinemos uma objeção muito frequentemente suscitada com respeito a elas, tratando ao mesmo tempo dos raros casos em que os agentes protetores, sejam já, espíritos da natureza, sejam homens que lograram separam-se do seu corpo físico.

As pessoas com escasso e incompleto caudal de conhecimentos teosóficos, duvidam se lhes será permitido auxiliar àqueles que estejam em aflição ou trabalho, pelo receio de que sua ajuda rompa o destino decretado em suprema justiça pela eterna lei do carma. Dizem elas: *"Tal homem encontra-se em tal estado, porque o merece. Sofre atualmente as naturais consequências de alguma falta cometida anteriormente; Que direito tenho de perturbar a ação da grande lei cósmica, com minha tentativa de melhorar sua situação, seja no plano astral, seja no físico?"*.

Os que deste modo arguem, expõem inconscientemente um conceito monstruoso, porque sua proposição implica duas extravagantes presunções: primeira, que sabem perfeitamente o que é o carma de outro homem e por quanto tempo hão de durar seus sofrimentos; segundo, que eles, os insetos de um dia, podem pré-interpretar absolutamente a lei cósmica e impedir pela ação deles, o devido cumprimento do carma.

Podemos estar muito seguros de que as grandes divindades cármicas são perfeitamente capazes de agir sem nosso auxílio e não devemos temer que qualquer determinação que tomemos lhes ocasione a mais leve dificuldade ou embaraço. Se o carma de um homem fosse tal que não lhe permitisse auxiliá-lo, então todos os nossos esforços, por bem dirigidos que fossem, serão inúteis ainda que com isso pudéssemos obter um bom carma para nós mesmos. O que o carma de um homem possa ser não é da nossa conta devemos, sim, ajudá-lo com todo afinco. A ação auxiliadora pertence a nós, mas os resultados estão em outras e mais excelsas mãos.

Como podemos saber o estado em que se encontra o estado espiritual de um homem? Talvez naquele ponto termine seu carma penoso e se encontre no momento verdadeiramente crítico de necessitar proteção, que o ajude a sobrepor-se a suas angústias; por que não havemos de ter, nós, em vez de outros, o prazer de levar a término tão boa obra? Se podemos protegê-la, esta possibilidade nos demonstra por si mesma, que merece proteção; mas, se não tentarmos, jamais conheceremos. Em todo caso se cumprirá a lei do carma com a nossa mediação ou sem ela e, portanto, não devemos conturbar-nos neste ponto. Poucos são os casos em que a proteção dimana dos espíritos da natureza. A maioria destes seres afasta-se dos lugares frequentados pelos homens, para evitar o desgosto que lhes produzem suas emanações como o ruído e o desassossego peculiares dos locais onde mora o homem. Por outro lado, com exceção daqueles da mais elevada categoria, são geralmente inconstantes e reflexivos, parecendo antes crianças que brincam deleitosamente em bom estado de saúde que entidades graves e repousadas.

Pode acontecer, às vezes, que alguns deles se inclinem a um ser humano e o proteja em certos casos, mas no atual estado da evolução dos espíritos da natureza, lógico é deduzir que não há que confiar em que prestem firme cooperação à obra dos protetores invisíveis. Para o mais minucioso estudo dos espíritos da natureza recomendamos ao leitor nossa obra intitulada: O aspecto oculto das coisas. A proteção pode vir na ocasião dos recém-falecidos que estão no limbo do plano astral e seguem em contato mediato com os acontecimentos terrestres, como provavelmente ocorreu no caso referido da mãe que salvou seus filhos. Não obstante, compreende-se facilmente que os casos deste tipo de proteção hão de ser muito raros, pois por abnegada e caritativa que seja uma pessoa, o menos provável é que, depois da morte, se entretenha em plena consciência com os níveis inferiores do plano astral dos quais é mais accessível a Terra.

Em todo caso, a menos que fosse um malvado impenitente, estará no plano a partir de onde toda mediação haverá de ser relativamente curta e ainda desde o mundo celeste possa derramar seu benéfico influxo àqueles a quem amou na terra, melhor terá este influxo caráter de bênção geral que de força capaz de determinar resultados definitivos em casos particulares, como os que apresentamos. De outra maneira, muitos dos defuntos que desejem proteger aos aqui encarnados, veem-se completamente incapazes de dispensar sua proteção de modo algum, porque para atuar a partir de um plano sobre um ser, habitando em outro, é necessário que o último tenha excelente sensibilidade ou que o primeiro seja suficientemente instruído e hábil. Portanto, ainda que ocorram aparições momentâneas de recém-falecidos, é raro o caso em que haja tido qualquer utilidade ou êxito na intenção que o aparecido levava sobre o parente ou amigo a quem apareceu.

Naturalmente, há alguns casos em que podemos comunicar-nos, mas são poucos em comparação com o grande número de aparições. Assim, em vez de recebermos proteção dos mortos, sucede com mais frequência que sejam eles que estejam necessitados de auxílio mais do que na disposição de prestá-lo a outros. Portanto, a parte principal da ação correspondente a esta esfera, pertence às pessoas que em vida são capazes de funcionar conscientemente no plano astral.

V

Realidade da vida suprafísica

Aqueles que só estejam acostumados às vulgares, e um tanto materialistas ideias do século, lhes parecerá difícil compreender a condição de plena consciência fora do corpo físico. Todo cristão, qualquer que seja sua seita, é obrigado a crer na existência da alma; mas se lhe indicamos a possibilidade de que esta alma pode ter realidade visível fora do corpo, sob determinadas condições, noventa por cento responderá desdenhosamente dizendo que não creem em fantasmas, porque semelhante ideia é tão só uma sobrevivência anacrônica das vãs superstições medievais.

Se apesar disso, apreciarmos apenas a mínima parte, da obra das cortes dos protetores invisíveis e aprendermos a corresponder a ela, nos livraríamos das travas impostas pelas ideias dominantes neste ponto e trataríamos de alcançar a grande verdade (já evidente para muitos de nós) de que o corpo físico é simplesmente o veículo ou investidura do homem real.

O corpo se desfaz para sempre ao morrer; mas também pode abandonar-se temporalmente cada noite durante o sono; porque dormir não é outra coisa que atuar o verdadeiro homem no seu corpo astral, fora do físico. Volto a repetir que isso não é uma simples suposição, nem tampouco uma hipótese ingênua. Muitos de nós somos capazes de realizar cotidianamente, em plena consciência, este ato de magia elementar, passando à vontade, de um a outro plano. Evidente que para aqueles que realizam tal experimento, deve parecer-lhes grotescamente absurda a irreflexiva afirmação de que é completamente impossível realizá-lo.

O melhor, o homem que, ainda não estabeleceu a corrente entre as consciências física e astral, é incapaz de sair voluntariamente do seu corpo orgânico e muito menos recordar o que aconteceu fora dele; não obstante, é certo que o abandona cada vez que dorme e os clarividentes podem sentir a presença do espírito flutuante sobre o corpo ou vagando em torno dele a maior ou menor distância conforme o caso.

O espírito que carece de qualquer grau de desenvolvimento permanece flutuando muito próximo do seu corpo físico, pouco menos adormecido do que este, como em estado sonolento, não sendo possível apartá-lo da imediata vizinhança do corpo físico, sem risco de produzir uma perturbação que o desperte.

Conforme evolui o homem, seu corpo astral vai definindo-se com maior consciência e chega a ser seu mais cômodo veículo. Nas pessoas instruídas e cultas é muito considerável o grau de consciência e por pouco desenvolvimento espiritual que tenha um homem, acha-se tão identificado no corpo astral como no físico. Mas ainda que durante o sono, seja plenamente consciente no plano astral e capaz de mover-se nele ao seu alvitre, não infere ainda que esteja em posição de somar-se à corte dos protetores.

Muitos dos que se encontram naquela situação psíquica, estão de tal modo aferrados ao seu círculo de pensamentos (geralmente continuação dos iniciados na hora de vigília), que se parecem com homens cuja atenção, concentrada num árduo estudo, separa-os do quanto sucede ao seu redor. De certo modo, convém que assim seja, porque no plano astral não há algo, senão muito de espantoso e amedrontável, para quem carece do valor proveniente do pleno conhecimento da verdadeira natureza e do quanto possa ver.

Às vezes chega o homem a sair gradualmente, por si mesmo, desta condição inferior e despertar no mundo astral, vendo-se tal como é, mas no comum, permanece em estado de sonolência, até que algum preceptor ativo toma-o pela mão e o desperta. Não obstante, não se deve contrair muito levianamente esta responsabilidade, porque se é relativamente fácil lograr que um adormecido desperte no plano astral, não há meio prático de restituí-lo ao estado de sono físico. Assim é que antes que um preceptor ativo desperte um adormecido, deve, aquele, estar plenamente convencido de que se encontre em disposição de dar bom uso ao sobrecarregado poder que será colocado em suas mãos e também de que seus conhecimentos e seu valor são garantias de que nenhum dano há de sobrevir-lhe como resultante da sua ação.

Este despertar, assim realizado, porá o homem com a potência de unir-se, se quiser, à corte dos protetores da humanidade; contudo, devemos levar em consideração que isso não implica necessariamente, nem ainda contingentemente a faculdade de recordar durante a vigília o que se fez no sono. Esta faculdade, o homem irá adquiri-la por si mesmo e na maior parte dos casos não chega a possuí-la senão depois de muitos anos e talvez nem em toda a vida. Felizmente este vazio da memória cerebral não impede de modo algum, a ação fora do corpo físico; assim é que isso só tem importância para a satisfação de que um homem conheça, em vigília, as obras em que empenhou durante o sono. O verdadeiramente importante é que a obra se realize, ainda que não nos recordemos dela.

VI

Intervenção oportuna

Apesar da sua variedade, toda atuação no plano astral converge a impelir, se bem que em menor, o processo evolutivo da raça. Ocasionalmente se relaciona com o desenvolvimento dos reinos inferiores, que é possível acelerarem ligeiramente sob determinadas condições. Nossos preceptores Adeptos reconhecem distintamente um dever para com os reinos elemental, vegetal e animal, cujo progresso em alguns casos, só se efetua por meio da suas relações com o homem. Mas naturalmente, a maior e mais importante atuação desta obra está relacionada, de um ou de outro modo, com o gênero humano.

Os serviços prestados são muitos e variados, ainda que principalmente concernentes ao desenvolvimento espiritual do homem, pois como dissemos no início, são raríssimas as mediações com objeto material, não obstante, podem suceder ocasionalmente e por mais que fosse meu desejo mostrar a possibilidade de auxílio mental e moral ao nosso próximo, talvez convenha expor dois ou três exemplos em que amigos meus auxiliaram materialmente a quem estava em extrema necessidade, a fim de ver através desses exemplos, como concorda a experiência dos protetores com o relato dos protegidos.

Estes exemplos pertencem à ordem dos que comumente se chamam de «sucessos providenciais».

Durante a última sublevação dos matabeles, um dos nossos sócios foi enviado em comissão de salvamento, que seja dito de passagem, pode servir como amostra dos meios de exercer proteção sobre este mundo inferior. Dizem que, certo labrego e sua família, habitantes daquele país, estavam, numa noite dormindo tranquilamente com aparente segurança e completamente alheios a que, ali perto, implacáveis hordas de inimigos selvagens estavam preparando emboscadas, idealizando artérias de depredação e morte.

Nosso sócio levava o encargo de infundir na família adormecida, o sentimento do perigo terrível que tão inadvertidamente a ameaçava, mas não vinha de maneira fácil de cumprir. Inutilmente procurou suscitar no cérebro do colono a ideia de perigo iminente e como a urgência do caso requeria medidas extremas, resolveu nosso amigo materializar-se o suficiente para sacudir o braço da esposa do labrego e incitá-la a levantar-se e olhar em torno.

Nosso amigo desvaneceu-se quando viu que havia conseguido seu intento, mas a mulher do labrego ignorava quem dos seus vizinhos a havia despertado tão oportunamente para salvar a vida de toda a família que, sem aquela misteriosa intervenção, teria sido assassinada em suas camas uma hora e meia mais tarde. Não podia compreender ainda a boa mulher como o compassivo vizinho pôde protegê-la naquela ocasião, estando cuidadosamente atracadas todas as portas e janelas da granja. Ao ver-se tão bruscamente despertada, pensou que tivesse sonhado. Não obstante, levantou-se da cama e percorreu a granja para se convencer de que tudo estava no seu lugar, considerando que foi uma grande sorte o que aconteceu, pois, se bem notasse que nada de anormal havia nas portas, não deixou de ver no momento de abrir um postigo que o céu estava avermelhado por efeito de um incêndio à distância.

Despertou então o marido e toda a família, podendo toda família se refugiar graças a este oportuno aviso. No povoado próximo, aonde chegaram ao preciso momento em que os selvagens arrasavam os campos e destruíam a granja, ainda que contrariados por não encontrarem a presa humana que esperavam.

Pode o leitor imaginar a emoção que o nosso sócio experimentou, ao ler nos jornais algum tempo depois a providencial salvação daquela família.

VII

História de um Anjo

Outro caso de intervenção no plano físico ocorreu há pouco tempo, ainda que desta vez tivesse por objeto a salvação de uma vida humana. Contudo, digamos antes, algumas palavras como preliminar. Na corte de protetores que plana sobre a Europa, há dois deles que foram irmãos no antigo Egito e que estão estreitamente ligado um ao outro.

Na sua atual encarnação há entre ambos muita diferença de idade, pois enquanto um é adulto, outro ainda é criança, pelo que concerne ao seu corpo físico, ainda que um ego de considerável adiantamento e grandes esperanças.

Naturalmente corresponde ao mais velho concluir e guiar, pelo menos na oculta tarefa a que tão cordialmente se entregam e como ambos são plenamente conscientes e ativos no plano astral, empregam a maior parte do tempo, durante o sono dos seus corpos físicos, em trabalhar sob a direção do seu Mestre comum, dando aos vivos e mortos toda proteção de que são capazes. Suprirei a relação dos pormenores do caso com a cópia de uma carta escrita pelo maior ao menor, imediatamente depois do ocorrido, pois a descrição que se dá nele é mais viva e pitoresca do que o relato que pudesse fazer um terceiro.

Buscávamos novo labor, quando, de repente exclamou Cirilo: *"Que é isso?"* Havíamos ouvido um terrível grito de angustioso horror. Num instante transportamo-nos ao lugar de onde partira e vimos uma criança de onze a doze anos de idade que havia caído de um penhasco e estava muito machucada, com uma perna e um braço quebrados e o que era pior, com uma horrenda ferida na coxa, por onde saía sangue aos borbotões. Cirilo exclamou: *"Deixa-me curá-la em seguida, porque senão morrerá".*

Em circunstâncias semelhantes é necessária a rapidez do pensamento. Duas possibilidades: cortar a hemorragia e procurar assistência médica. Para isso era preciso que eu, o Cirilo, nos materializássemos, porque tínhamos necessidade de mãos físicas, não só para atar as vendas, mas também para que o garoto visse alguém ao seu lado em tal extrema situação.

Sabia que se de uma parte estaria o ferido mais a seu gosto com Cirilo do que comigo, por outra, suspeitava que fosse mais fácil a mim do que a Cirilo prestar-lhe auxílio. A conveniência de partilhar tarefas era evidente. O plano realizou-se à perfeição. Materializei Cirilo instantaneamente (pois ele não sabia ainda efetuá-lo por si próprio) lhe sugeri a ideia de que tomasse o lenço que o ferido usava no pescoço e atasse a coxa, vendando-a com duas voltas. *"Não o farei sofrer demasiado?"* Retrucou Cirilo, mas fez o que lhe ordenava e estancou a hemorragia.

O ferido parecia meio inconsciente e apenas balbuciava palavras; mas contemplava em seu silêncio a refulgente aparição que se inclinava sobre ele perguntou: *"sois um anjo,*

Senhor meu?" "Não, sou uma criança que veio em seu auxílio." então deixei que o consolasse e saí em busca da mãe da criança, que morava a uma milha de distância.

Não se pode imaginar o trabalho que me custou infundir-lhe àquela mulher a ideia de que ali sucedia uma desgraça e poder persuadi-la a entender quão poderia ser fatal. Por fim deixou de lado o trabalho da cozinha e exclamou em alta voz: "Deus santo! *Não sei o que está acontecendo, mas sinto como se me incitassem a ir buscar a criança.*"

Controlando seu sobressalto, pude guiá-la sem grande dificuldade, sendo que, ao mesmo tempo, tinha que sustentar a materialização de Cirilo com minha força de vontade, a fim de que não desvanecesse a visão angelical dos olhos do ferido. Sabe-se que ao materializar uma forma, transmutamos a matéria de um estado a outro transitoriamente oposto, por assim dizer, pela vontade cósmica. E se se distrai a atenção por um instante, volta a sua condição com a instantaneidade de um relâmpago.

Devido a isso, não podia atender plenamente a mulher, mas a conduzi como pude e apenas chegou ao pé da rocha, fiz que desaparecesse Cirilo, não, sem que ela pudesse vê-lo. Desde então, a aldeia mantém entre as suas mais belas tradições a da mediação de um anjo naquele acontecimento.

O acidente correu de manhã e naquela mesma tarde observei do plano astral, o que se passava na casa do ferido. A pobre criança jazia na cama muito pálida e fraca já com os ossos quebrados da perna e do braço, no seu lugar e vedada a grande ferida, porém com seguro prognóstico de recobrar a saúde. Junto ao paciente estava a mãe e um casal a quem lhes relatava o caso ocorrido. Com atropeladas palavras explicou como havia tido a presunção da desgraça pela ideia de que repentinamente lhe veio à mente que algum acidente ocorrera ao menino, portanto devia ir a sua busca ma na maior brevidade. Como a princípio, acreditou-se presa de uma alucinação passageira, tratou de esquecer a ideia, mas, finalmente, decidiu-se por escutar o aviso. Também referiu que sem perceber o fato, dirigiu-se diretamente ao penhasco em vez de tomar outro caminho e que ao descobrir a paragem, achou seu filho caído numa rocha e desde lá pode **observar que, ajoelhado junto a ele, estava a mais formosa criança que até então vira, toda vestida de** branco, resplandecente como um sol, de maçãs rosadas e sorriso de anjo. Que precisamente naquele mesmo lugar a criança havia desaparecido subitamente deixando-a no momento, sem saber o que pensar, mas logo conheceu quem era e caiu de joelhos, dando graças a Deus por ter-lhe enviado um anjo em socorro do seu pobre filho.

Prosseguiu relatando como, ao levantar o menino para levá-lo para casa, quis tirar o lenço que vedava a perna; mas ele não consentiu de modo algum, dizendo que o mesmo anjo o havia vendado. Também contou que pouco depois de ter chegado a casa, o cirurgião declarou que se tivesse desatado a venda, a criança teria morrido. Depois repetiu as manifestações do ferido, assegurando que no momento do anjo aproximar-se dele (presumiu que era um anjo porque do alto do penhasco, quase um quilometro ao redor, não avistara nada, ainda que não pudesse compreender porque não tinha asas nem porque lhe havia dito que era só uma criança).

A criança havia levantado o ferido do solo, vedando-lhe a perna e dizendo-lhe que ficasse calmo porque alguém haviam ido avisar sua mãe que chegaria sem demora. Surpreendeu-lhe como lhe havia beijado prodigalizando-lhe consolo e como sua branda e frágil mãozinha sustentou-o durante todo aquele momento, enquanto lhe contava formosas e encantadoras narrativas, das que somente podia se lembrar de que eram muito comovedoras tanto assim que quase se esqueceu de que estava machucado até a chegada da sua mãe. Explicou também como o anjo lhe prometeu que logo voltariam a se encontrar e sorrindo apertando-lhe a mão, desaparecendo repentinamente.

Desde aquele dia se iniciou uma enérgica reação religiosa na aldeia. O padre disse aos seus fiéis que aquela era uma prova indiscutível da intervenção da divina da Providência e era um aviso para que não se duvidassem das coisas santas, além do que é uma prova da verdade das Sagradas Escrituras e da religião cristã.

Ninguém, no entanto, não advertiu o colossal erro de tão peregrina afirmação. Na criança, porém, o efeito do acontecido foi indubitavelmente proveitoso, tanto moral como fisicamente, pois conforme se sabe, havia sido, até então, muito inclinado a efetuar escapadas atrevidas. Agora já sabe que seu anjo pode aproximar-se dele em qualquer ocasião e se guardará muito de dizer ou fazer alguma coisa desonesta, vil ou iracunda, com receio de que pudesse vê-lo ou ouvi-lo. Desde então, seu maior desejo é que chegue o dia de cumprimentá-lo outra vez e afirmar que seu amável rosto será o primeiro com quem se encontrará ao morrer.

Verdadeiramente é um belo caso patético. A moral inferida dos fatos pelos aldeões e seu padre, talvez não possa servir de exemplo, mas a prova de que existe algo mais além deste mundo físico, deve contribuir, sem dúvida, para que as pessoas sejam muito mais boas do que más, sobretudo, muito contribuirá, para isso, a afirmação da mãe ao assegurar o que viu ser real e verdadeiro.

Um interessante detalhe, descoberto pelo autor da carta, depois, em suas investigações, traz luz sobre o motivo do ocorrido. Soube que os dois meninos haviam vivido na terra, alguns milhares de anos antes, sendo o acidentado, escravo do outro que, como aquele salvara em certa ocasião a vida do seu amo, com risco da própria, conceder-lhe a liberdade em recompensa. Agora, após numerosos séculos, o dono, não só satisfazia a dívida, mas infundia no seu antigo escravo um elevado conceito da vida e um estímulo à moralidade de conduta, que com certeza, havia de alterar favoravelmente, o processo da sua futura evolução. Tão verdade é que não há obra boa sem o carma, ainda que possa parecer tardia sua ação. "Ainda que os moinhos de Deus moam lentamente, com paciência exatamente moerão tudo".

VIII

História de um incêndio

Outro labor realizado pelo mesmo menino Cirilo nos oferece um caso quase igual ao já relatado. Cirilo e seu amigo mais velho iam numa noite em busca da sua costumada tarefa, quando vislumbraram a lívida claridade de um violento incêndio e prontamente se perguntaram se poderiam prestar algum auxílio.

Uma grande hospedaria estava ardendo; uma vasta construção regular levantada às margens de um grande lago. O edifício tinha vários pisos, os três lados da sua fachada davam de frente para um jardim, enquanto que o quarto lado ficava de frente para o lago. As duas alas estendiam-se diretamente para o lago e a fila mais alta de janelas projetavam-se sobre a água, deixando só um estreito beiral sob elas de um e de outro lado.

A fachada e as alas tinham escadas internas, com os correspondentes vãos para os elevadores, de modo que uma vez declarado, o incêndio propagou-se com incrível rapidez. Antes dos nossos amigos o perceberem, desde o plano astral já ardiam os pisos intermediários dos três corpos do edifício. Afortunadamente todos os moradores, menos uma criança pequena, estavam a salvo, ainda que alguns com graves queimaduras e contusões.

A pobre criança ficou esquecida numa das estâncias superiores da ala esquerda, porque seus pais haviam ido a um baile e naturalmente ninguém se lembrou dela até a última hora.

O fogo era tão terrível no piso intermediário daquela ala, que nada podia se fazer, ainda que alguém tivesse se lembrado da criança, cujo dormitório dava para o jardim que já estava isolado pelo fogo. Além do mais, a criança não tomou conta do perigo, devido à densa e sufocante fumaça que invadia aos poucos a alcova, aos poucos a criança foi entrando num estado sonolento cada vez mais profundo até que por fim ficou entorpecido. Foi nesta situação crítica que Cirilo a encontrou. Ele sentia especial predileção pela infância em necessidade ou em perigo. Primeiramente tratou saber se as pessoas se lembravam de onde poderia estar a criança, mas tudo foi em vão e, por lado, já era muito difícil, mesmo lembrando-se de onde poderiam achá-la, para poder socorrê-la.

Cirilo entendeu imediatamente que aquilo seria desperdício de tempo. O companheiro maior materializou Cirilo na estância, estimulando-o a que tratasse de despertar a criança quase em letargia. Com muita dificuldade conseguiu, de algum modo, mas criança continuava ainda meio estonteada, sem perceber do que estava acontecendo, foi necessário levá-la para fora a sustentando a cada passo. As duas crianças saíram da alcova para o corredor central que rodeava a ala, mas ao comprovar que a fumaça e as chamas avançavam pelo piso, impedindo a passagem de um corpo físico, Cirilo voltou a entrar com a criança na estância, pulando pela janela ao beiral de pedra. Tinha como uns trinta centímetros de largura, estendia-se diretamente ao longo da parede, quase no mesmo nível da linha das janelas. O guia conduziu a criança por este beiral, balançando-se sobre a borda exterior e quase flutuando no ar, mas constantemente ao lado da criança, com medo dela cair e sofrer alguma fratura.

Sobre o extremo do edifício mais próximo do lago, onde o incêndio não era tão violento, ambos pularam uma janela, voltando outra vez ao corredor central, com a esperança de encontrar desimpedido aquele trecho da escada, mas desgraçadamente também estava invadido pelas chamas e a fumaça, vendo-se necessitados de se deslizar ao longo do corredor, pedindo Cirilo a seu companheiro que se arrastasse de barriga para o solo até encontrar o vão gradeado do elevador, que se encontrava no centro do edifício.

Como é de se prever, o elevador tinha caído, mas eles conseguiram descer apoiando-se no gradeado interior da caixa até chegar ao telhado do elevador. Ali se encontraram presos, mas afortunadamente Cirilo viu aberta uma porta de acesso que dava a uma espécie de piso intermediário imediatamente acima do piso inferior. Por aquela porta saiu para um corredor que atravessaram, felizmente, apesar da criança ainda estar meio asfixiada pela fumaça. Dali seguiram por um dos salões opostos e finalmente, subindo pela janela, encontraram-se sobre a marquise que se estendia ao longo da fachada, a pouca altura do piso térreo junto ao jardim, logo foi fácil deslizar-se ao longo de uma das colunas da marquise até o jardim, ainda que ali fosse muito intenso e corriam o perigo que as paredes ruíssem. Foi assim que Cirilo tratou de conduzir a criança até o extremo de uma das alas e dali para outra, porém em ambas as partes, o estreito beiral estava obstruído pelas chamas. Por fim se refugiaram numa das barcas de recreio, que estavam amarradas aos escalões que conduziam ao pé do jardim.

Desatando a barca, viram-se navegando tranquilamente sobre as águas. Cirilo tratou de remar até mais adiante da ala incendiada pra desembarcar a criança e pô-la a salvo; mas apenas haviam adiantado um curto trecho, os homens de um pequeno vapor que atravessava o lago descobriram-nos graças ao resplendor do incêndio que iluminava a cena como num claro dia. O vapor chegou junto ao bote para transportar os que necessitavam de auxílio; mas em vez dos dois meninos que os tripulantes haviam visto a bordo, só encontraram uma criança, porque Cirilo desapareceu por vontade do seu companheiro que dissipou a densa matéria em que o havia envolvido para dar-lhe transitoriamente um corpo material e era, portanto, invisível aos olhos. Os que iam no pequeno vapor procuraram cuidadosamente por todas as partes, sem encontrar rastro da outra criança; deduziram, então, que teria caído na água, afogando-se no mesmo momento em que se aproximava do bote ao vapor. A criança salva caiu em síncope, não se lembrando do acontecido, tão logo se viu a bordo, assim não foi possível naqueles instantes, dela obter notícia alguma. Quando voltou a si, apenas conseguia dizer que havia visto outra criança no momento de aproximação do vapor, mas que já não se lembrava de nada mais do ocorrido naqueles instantes.

O vapor estava fretado para uma paragem distante dois dias marítimos dali e passou uma semana, antes que a criança fosse restituída aos pais que acreditavam que tivesse morrido durante o incêndio, pois ainda que o companheiro de Cirilo tratasse de convencê-los que a criança estava a salvo, lhes foi difícil de aceitar.

Pode se, imaginar a imensa alegria que o reencontrou lhes causou. A criança vive sadia e feliz, sem cansar-se nunca de relatar sua maravilhosa aventura. Muitas vezes teve pesadelos convencida de que seu amável salvador havia perecido misteriosamente no preciso momento de livrar-se de todo o perigo. Não obstante, de quando em quando, assalta-lhe a ideia de que não morreu naquela horrível circunstância, senão que bem pode ser algum formoso príncipe, mas, naturalmente esta ideia só abre um sorriso de tolerante superioridade em seus pais. O liame cármico entre a criança e seu salvador ainda na está descoberto, mas sem dúvida deve haver algum.

IX

Materialização e repercussão

Perante um caso como o anteriormente referido, os estudantes perguntaram-se se, o protetor invisível permanece inteiramente imune em meio de tão violentos perigos; se, por exemplo, a criança materializada com o propósito de salvar o outro das chamas, não se expôs também ao dano, ou se o seu corpo físico tivesse sofrido de algum modo pela repercussão, no caso de que a forma materializada atravessasse as chamas ou caísse do beiral por onde caminhavam tão descuidadamente. Numa palavra: sabendo que em muitos casos, a união entre uma forma materializada e seu corpo físico é suficientemente forte para determinar repercussão, não pudesse ocorrer neste caso? Ou melhor: o referente à repercussão é tão sumamente difícil que não podemos explicar satisfatoriamente seus estranhos fenômenos, porque, para compreender perfeitamente este assunto, seria necessário conhecer as leis de vibração simpática em mais um plano. Não obstante, conhecemos, por observação, algumas das condições em que se realiza e outros que absolutamente a impedem, crendo, portanto, não enganar-me ao assegurar que a repercussão foi rigorosamente impossível no caso do incêndio.

Para convencer-nos disso, recordemos de que pelo menos há três variedades distintas de materialização, conforme sabe todo aquele que tenha prática de psiquismo. Procurando entrar neste momento, em explicações de como se produzem respectivamente tais variedades, farei constar simplesmente sua indubitável existência e, por conseguinte, convém saber:

1º A materialização tangível e não visível aos olhos físicos. A esta variedade correspondem as mão invisíveis que tão frequentemente acolhem pelo braço, acariciam ou esbofeteiam os concorrentes às sessões espíritas, golpeiam as mesas e mudam os objetos de lugar, ainda que estes dois últimos tipos de fenômenos tenham fácil efeito sem necessidade de mãos materializadas.

2º A materialização visível e não tangível, por exemplo, as formas espectrais ou fantasmas que passam através das mãos humanas como através do ar. Em alguns casos esta variedade é evidentemente vaporosa e impalpável, mas em outros, adquire formas tão normais que não duvidamos da sua consistência sólida até que tratamos de apanhá-la.

3º A materialização perfeita, visível e tangível, que não só aparece como realidade corporal e fisionômica, mas que nos fala e aperta a mão com a voz e a pressão por nós conhecida. Agora, se por um lado temos grande número de provas que demonstram a ocorrência de repercussão sob determinadas circunstâncias, nos casos da terceira variedade de materialização, não é menos certo que também possa ocorrer nas duas primeiras.

No caso da criança protetora é provável que a materialização não correspondesse à terceira variedade, pois sempre se tem o estranho cuidado de não gastar mais força do que a absolutamente necessária para obter o resultado desejado e é evidente que se necessitará menos energia na produção das formas parciais do que as que temos compreendido nas duas primeiras variedades.

O fato é que só fosse sensível ao tato o braço com que o menino materializado sustentava seu pequeno companheiro e que o resto d seu corpo, ainda que perfeitamente visível aos olhos físicos, tivesse sido muito menos palpável se alguém tentasse tocá-lo. Mas além desta probabilidade devemos considerar outro aspecto. Quando ocorre a perfeita materialização, esteja o materializado vivo ou morto, de um ou de outro modo, há de condensar-se a matéria para isso.

Numa sessão espírita, obtém-se esta matéria atuando sustentavelmente sobre o duplo etéreo do médium e ainda algumas vezes sobre seu mesmo corpo físico e aqui estão os casos em que o peso corporal minguou consideravelmente enquanto tinha efeito à manifestação mediúnica.

As entidades diretoras das sessões usam este método, simplesmente, porque quando algum bom médium se submete a sua ação, é o mais fácil procedimento de materialização, resultando como consequência da estreita relação, assim estabelecida entre o médium e o corpo materializado, a ocorrência de fenômenos com toda claridade, contudo, muito imperfeitamente conhecidos, que chamamos de repercussão. Por exemplo, se se impregnam as mãos de giz do corpo materializado, resultaram também meladas as mãos do médium, ainda que ele tenha estado cuidadosamente, durante toda a prova, encerrado num quarto com todo tipo de precaução para evitar qualquer engano.

Se o corpo materializado recebe um golpe ou uma ferida, repercutem exatamente na correspondente parte do médium e algumas vezes, como já aconteceu num caso da minha experiência pessoal, se o corpo materializado participa de algum manjar, este se encontra depois nas vias digestivas do médium.

Não obstante, o fato ocorreu de maneira muito distinta no caso que anteriormente descrevemos. Cirilo estava a milhares de quilômetros do seu corpo físico adormecido, portanto, teria sido impossível ao seu companheiro maior subtrair-lhe matéria etérea, ainda que as regras sob as quais agem os discípulos dos Mestres de Sabedoria não proíbam de fazer tais coisas em qualquer corpo que seja. Além de que, seria completamente desnecessário, porque os protetores, quando lhes parece que com a materialização vão lograr o que pretendem, usam constantemente outro procedimento muito menos perigoso. Consiste em condensar o éter do ambiente circundante ou o mesmo ar atmosférico que proporciona tanta quantidade de matéria como o caso requer. Este fato escapa, sem dúvida, ao poder da maioria das entidades que se manifestam nas sessões espíritas, mas sem oferecer nenhuma dificuldade aos estudantes de química oculta. A diferença entre os resultados obtidos é notável.

No caso do médium temos uma forma materializada na mais estreita conexão possível com o corpo físico, produzida com matéria deste e capaz, portanto, de determinar todos os fenômenos de repercussão.

No caso do protetor temos verdadeiramente uma reprodução exata do corpo físico, porém, formada, por um esforço mental, de matéria completamente estranha ao referido corpo, portanto, não mais suscetível de operar sobre ele por repercussão como se fosse uma estátua de mármore da mesma pessoa. Assim é, que ao atravessar as chamas ou cair da janela, a criança protetora não teria se assustado nem machucado, como, conforme veremos adiante, tampouco se atemorizou em certa ocasião, outro membro da fraternidade de protetores, que ainda que materializado, foi capaz de submergir sob as águas num naufrágio, sem detrimento nem o menor prejuízo do seu corpo físico.

No caso de intervenção, que do menino Cirilo deixamos exposta, advertimos de que era incapaz de materializar-se por si mesmo, tendo que realizar este ato seu companheiro maior.

Vamos relatar outra das suas intervenções em que veremos como por intensidade de compaixão e força de vontade chegou a ser capaz de mostrar-se por si mesmo. Poder-se-á advertir alguma semelhança entre este caso e o já visto da mãe cujo amor tornou-a capaz de manifestar-se por si mesma para salvar de perigo a vida dos seus filhos.

Por inexplicável que pareça, não há dúvida alguma da existência na natureza, deste estupendo poder da vontade sobre a matéria de todos os planos, até o ponto de que, com tal, o poder seja suficientemente grande, produzirá qualquer resultado desejável por sua ação direta, ainda de que no caso de quem o exerça não tenha nenhum conhecimento, nem ideia a respeito do modo como realiza sua obra.

Temos obtido copiosas provas de que este poder se exerce sem dificuldade e mantém-se muito bem em caso de materialização, ainda que ordinariamente seja uma arte que deve aprender-se como outra qualquer. Seguramente, que um homem comum, no plano astral, na logrará jamais materializar-se sem aprendizagem prévia, como qualquer homem, no plano físico não poderá tocar o violino, sem estudo prévio, mas há exceções com veremos a seguir.

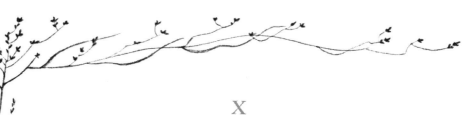

X

Os dois irmãos

Nenhuma pluma mais dramática do que a minha narrativa, relatou no *Teosophical Review* de novembro de 1897, página 229, com uma riqueza de pormenores que vou cercear por falta de espaço.

Gostaria remeter ao leitor este relato, pois o meu só será um simples extrato, tão conciso como o permita a claridade. Os nomes das pessoas estão mudados, mas os incidentes conservam sua rigorosa exatidão.

Os atores são dois irmãos, filhos de um proprietário rural: Lourenço, de catorze anos e Gualtério, de onze. Ambos de compleição saudável e tipo varonil, sem nenhuma qualidade física extraordinária, a não ser um bom caudal de sangue celta. Talvez, o que mais se destaque neles, seja a intensa ternura com que mutuamente se tratavam, até o ponto de jamais saírem um sem o outro, o menor adorando o maior, com toda a veemência da sua idade juvenil.

Num dia aziago, Lourenço caiu do pônei que montava, morrendo no ato. A Gualtério, desde então, pareceu-lhe que o mundo havia acabado, porque seu irmão o preenchia todo. Foi tão profundo e terrível o sofrimento da criança, que perdeu o apetite e o sono, não sabendo sua mãe, nem sua baba o que fazer para consolá-lo, pois se mostrava surda a toda persuasão e a toda reprimenda. Quando lhe diziam que a pena que sentia era absurda porque seu irmão estava no céu, respondia simplesmente que não tinha a segurança de que assim fosse e que sendo, ainda que certo, estava convencido de que Lourenço não podia ser feliz no Céu sem ele, como ele não podia ser na Terra, sem Lourenço.

Perante esta dúvida, a pobre criança morria de pena e mais patético era que, sem ele perceber seu irmão estava constantemente ao seu lado, com plena consciência do seu sofrimento e quase desalentado pelo fracasso ante as repetidas tentativas de tocar-lhe ou falar-lhe. Nesta deplorável situação estavam ainda as coisas no terceiro dia do acidente, quando, sem saber como, a atenção de Cirilo concentrou-se nos irmãos. *"Precisamente acabara de passar por ali"*, disse depois, Cirilo. Seguramente os Senhores da Compaixão conduziram-no ao lugar da cena. O pobre Gualtério jazia insone e desolado pela recordação das vezes que seu pobre irmão esteve junto a ele. Lourenço, livre das amarras da terra, pode ver e ouvir Cirilo tão expeditamente que o primeiro que fez foi adoçar-lhe a pena com promessa de amizade e proteção para pô-lo em contato com seu irmão.

Tão logo quando a mente da criança morta ficou animada pela esperança, Cirilo concentrou sua atenção no vivo, tratando com todas as suas forças de sugerir-lhe a ideia de que seu irmão estava junto dele, mas, não morto e sim vivo e amoroso como fora antes. Não obstante, Cirilo fracassou nas intenções, porque o sofrimento ofuscava tão intensamente o ânimo do pobre Gualtério, que nenhuma sugestão podia dissipá-lo e o protetor reconheceu que não devia prosseguir por aquele caminho. Mas comoveu-o tão profundamente aquele triste espetáculo, tão ardente foi sua simpatia e tão resoluta sua determinação de protegê-lo de uma ou de outra maneira, por muito que lhe custasse, que sem saber como (e ainda hoje mesmo o ignora), viu-se capacitado para tocar e falar com a desencorajada criança. Sem responder às perguntas de Gualtério sobre quem era e como havia chegado até ali,

Cirilo abordou diretamente a questão, dizendo-lhe que seu irmão estava junto dele, tratando penosamente de fazê-lo ouvir suas repetidas revelações de que não havia morrido de forma definitiva, mas que estava vivo e anelante por protegê-lo e confortá-lo.

Gualtério resistia a crer, mostrando-se refratário à esperança, mas por fim, vencidas as suas dúvidas pelo insistente afinco de Cirilo, exclamou: "Ó! Creio em você porque é bom; mas se eu pudesse tão somente ver meu irmão, ficaria completamente convencido do que me diz e se pudesse ouvir sua voz, convencendo-me de que é feliz, jamais me importaria de volver a vê-lo". Ainda que novo no seu labor compreendeu Cirilo que o desejo de Gualtério não era de fácil ascensão e assim começava a manifestar-se com pesar, quando sentiu a presença de um ser conhecido de todos os protetores, que sem pronunciar palavra, sugeriu a Cirilo a ideia de que em vez do que ia dizer a Gualtério, lhe prometesse o cumprimento do bem anelado por seu coração. *«Espere que eu volte*, disse Cirilo, *e verá seu irmão».* Dito isso, despareceu.

A presença do Mestre havia revelado a Cirilo o que fazer e como fazê-lo. Por isso foi em busca do companheiro maior que tão frequentemente o havia auxiliado em outras ocasiões. O companheiro atarefado, além do seu labor noturno, ao ouvir as prementes incitações de Cirilo, não vacilou nem um momento em acompanhá-lo e em poucos minutos chegaram junto a Gualtério. A pobre criança começava a crer que tudo havia sido um doce sonho, quando reapareceu Cirilo, cuja presença infundiu-lhe tão delicioso consolo, que ao contemplá-lo oferecia um belo espetáculo. E ainda mais formosa foi a cena, um momento depois, quando obediente à voz do Mestre, o companheiro maior materializou o ansioso Lourenço e vivo e morto contemplaram-se outra vez, frente a frente. A tristeza dos irmãos transformou-se em inefável júbilo, declarando-se mutuamente que já não poderiam nunca mais estar tristes, porque sabiam que a morte era impotente para separá-los.

Ainda nem havia diminuído sua alegria, quando Cirilo manifestou-lhes carinhosamente por sugestão do companheiro maior, que aquela prodigiosa entrevista corporal não poderia repetir-se, mas que, diariamente, de sol a sol, Lourenço estaria junto a Gualtério, ainda que este não o visse, e que cada noite, Gualtério poderia deixar seu corpo físico para permanecer conscientemente, uma vez mais, junto ao seu irmão. Ao ouvir isso, o pobre e fatigado Gualtério mergulhou num profundo sono para experimentar a certeza da boa noticia, ficando pasmo com a, até então desconhecida, rapidez com que podiam voar juntos, ele e seu irmão, de um a outro lugar dos já acostumados. Cirilo preveniu-o solicitamente que com certeza esqueceria a maior parte do que lhe acontecesse em sua vida livre ao despertar de manhã, mas por rara fortuna, Gualtério não se esqueceu, como acontece a muitos de nós. Talvez a viva emoção de prazer animasse as latentes faculdades psíquicas tão peculiares da raça celta; mas seja como for, não se esqueceu nem do mínimo pormenor do que lhe havia sucedido e na manhã seguinte irrompeu em casa com tão maravilhoso relato que parecia enlouquecido.

Seus pais pensaram que a tristeza havia transtornado o menino e como, pela morte do irmão era ele o herdeiro, começaram a vigiá-lo prolongada e ansiosamente para ver se apareciam novos sintomas de loucura que felizmente não se apresentaram, todavia o consideram um maníaco neste sentido e ainda creem, firmemente, que a desilusão salvou-lhe a vida. Apesar de tudo, sua velha babá, católica, crê firmemente que Jesus, que também foi criança, se compadeceu do sofrido Gualtério e enviou-lhe um anjo para que lhe trouxesse seu irmão, como prova de que o amor é mais poderoso do que a morte. A grande verdade é que algumas vezes as superstições populares acercam-se muitas vezes mais da verdade das coisas do que o ceticismo das pessoas cultas!

Não acaba aqui o relato porque a boa obra iniciada naquela noite mantém-se em franco progresso e não cabe predizer as consequências do ato. A consciência astral de Gualtério, uma vez inteiramente desperta, permanece em atividade; cada manhã recorda seu cérebro físico as tarefas noturnas com seu irmão e cada noite encontram os dois irmãos seu querido amigo Cirilo, de quem aprenderam muito do que se relaciona com o admirável mundo novo aberto diante deles e dos outros mundos mais excelsos.

Também, sob a direção de Cirilo, tanto o irmão vivo como o morto chegaram a ser laboriosos e diligentes membros da fraternidade de protetores e provavelmente, o serão durante os anos que tarde em desintegrar-se o vigoroso corpo astral de Lourenço. Muitas crianças infelizes haverão de ficar agradecidas aos três que tratam de comunicar aos outros uma parte do júbilo que eles mesmos receberam. E não só o morto teve proveito desta conversão, porque ambos buscaram e encontraram crianças viventes que tinham consciência no plano astral durante o sono.

Àqueles que todas estas ideias são novas, encontrarão, algumas vezes, verdadeira dificuldade em compreender como é possível que as crianças sirvam de algo no plano astral. Porque ao estar o corpo astral de uma criança pouco desenvolvido e limitado o ego pela infância, o mesmo que no plano físico, se perguntarão...*"como este ego pode ser útil e capaz de impelir progressivamente a evolução espiritual, mental e moral da humanidade e que conforme já sabemos, é a preferida tarefa dos protetores?"*

Quando pela primeira vez se suscitou esta pergunta, pouco depois da publicação de um destes acontecimentos na Revista Teosófica, informei diretamente a Cirilo para saber qual era sua opinião; sua resposta foi a seguinte: "É *uma grande verdade, conforme diz o autor da pergunta que eu não sou mais do que uma criança, que, todavia, sei muito pouco e que seria muito mais útil se tivesse aprendido mais. Mas, ainda assim, sou capaz de fazer algo, porque há um grande número de pessoas que ainda não estudaram nada de Teosofia, apesar de saberem muito mais do que eu em qualquer outra ciência. É do senso comum que quando necessitamos ir a alguma parte, vale mais uma criança conhecedora do caminho do que cem sábios que o desconheçam".*

A isso podemos acrescentar que, quando uma criança acorda no plano astral, efetua-se com tanta rapidez o crescimento do seu corpo correspondente, que em seguida alcança um estado não inferior ao do adulto desperto, ficando muito mais evoluído, no que diz respeito a sua utilidade, que o sábio adormecido. Contudo a menos que o ego manifeste espontaneamente, através do corpo infantil, a posse das qualidades necessárias para determinar uma disposição amorosa, claramente manifestada em vidas anteriores, nenhum ocultista arcará com a grave responsabilidade de despertar uma criança no plano astral. Não obstante, quando o carma consente a possibilidade de despertar, as crianças são, normalmente, os protetores mais eficazes e aplicam-se na sua tarefa com admirável devoção. Assim se cumpre uma vez mais, a velha profecia: «Serão conduzidos por uma criança». Outra dúvida com origem da leitura deste caso, é que, se Cirilo foi de algum modo capaz de materializar-se por seu veemente impulso de amor e compaixão e por sua força de vontade, não é estranho que Lourenço, com tão ardente ânsia de comunicação, não pudesse lográ-lo? A dificuldade desaparece ao considerar que a incapacidade de comunicar-se é a normal condição do plano astral e por isso foi Lourenço, incapaz de comunicar-se com seu irmão. O surpreendente é que Cirilo fosse capaz de materializar-se por si mesmo, que não foi Lourenço. Além do que, não só é mais vigoroso o sentimento de Cirilo, senão que sabia perfeitamente o que necessitava fazer; sabia que a materialização era possível e tinha uma ideia geral de como se realizava, enquanto que Lourenço nada sabia então de tudo isso, por mais que agora já o saiba.

XI

Evitando um suicídio

Certa noite, eu estava trabalhando no meu gabinete de Adyar, um pouco mais tarde que de costume, quando um dos nossos jovens auxiliares veio em corpo astral para cumprir a ordem que se lhe havia dado de me acompanhar na minha ronda noturna.

Disse-lhe que me esperasse por alguns minutos, enquanto terminava o trabalho que tinha em mãos e assim foi que me esperou pelos arredores, planando sobre a baía de Bengala. Ao ver passar um vapor, desceu à cobertura por pura curiosidade, como disse depois e imediatamente chamou-lhe a atenção, uma horrível aura cinzenta de profunda depressão que se projetava através de uma porta fechada de um camarote. Fiel às instruções recebidas, à vista de sinal tão angustiante, procedeu às investigações e ao entrar no camarote viu um homem que sentado à beira da cama, pistola em punho, levava a arma à frente e em seguida a deixava cair. Compreendeu o jovem protetor que algo devia ser feito sem perda de tempo, mas como novo em tal missão, não sabia de que modo proceder para ter maior eficácia e assim regressou logo ao meu aposento, tomado de viva agitação e gritando disse: *"Venha o quanto antes, porque há um homem que quer suicidar"*.

Interrompi meu trabalho, deixei meu corpo físico no sofá e fui ao barco com o jovem. Tão logo, como me fiz encarregado das circunstâncias, decidi contemporizar com o homem e como tinha que regressar para acabar a tarefa interrompida, infundiu na mente daquele homem a firme ideia de que não era aquela hora, a mais oportuna para suicidar-se, mas que devia esperar na troca da guarda da meia noite, quando ninguém o interromperia. Se tivesse tratado de sugerir-lhe a ideia da maldade do suicídio, seguramente tinha começado a refutá-la sem dar-me tempo para a réplica, mas instantaneamente aceitou a ideia de adiamento.

Deixei ao meu jovem ajudante o cuidado do assunto, encarregando-o de avisar-me quando aquele homem abrisse a gaveta em que eu o havia induzido a guardar a pistola. Em seguida me restituí ao corpo físico e continuei a trabalhar na minha tarefa até chegar ao ponto em que pudesse suspendê-la sem inconvenientes. Já cerca das vinte e quatro horas voltei junto ao meu ajudante e encontrei-o muito preocupado ainda que dissesse não haver ocorrido nada de particular. O pressuposto suicida estava muito deprimido sem mudar de resolução. Então indaguei em sua mente os motivos que o empurravam a deixar a vida e soube que era oficial da tripulação, que havia cometido um desfalque, que estava a ponto de ser descoberto ao fazer a prestação das contas e não tinha como suprir as consequências do seu delito.

Havia desviado o dinheiro para oferecer faustosos presentes a uma jovem com quem se relacionou e ainda que o desfalque não fosse muito grande, não podia compensá-lo.

Pareceu-me um jovem de bons sentimentos e antecedentes limpos, sem mais defeitos que sua cega paixão pela jovem que o havia arrastado a tão extrema situação. Investiguei rapidamente as circunstâncias da sua vida para ver se encontrava um ponto onde apoiar-me com o fim de dissuadi-lo da sua determinação de culpa e dei-me conta de que o pensamento mais poderoso para o caso era o de sua velha mãe a quem amava muito, mais do que ninguém. Foi fácil sugerir-lhe a imagem da mãe e induzi-lo a pegar um retrato dela que guardava ali no camarote, exortando-o a refletir sobre o tremendo desgosto que ia lhe causar, não só por perdê-lo no plano físico, senão também pela terrível dúvida em que lhe submeteria o destino da sua alma mais para além. Assim mesmo foi necessário discorrer a maneira como removê-lo do dilema em que tão insensatamente se havia colocado e para isso, examinei o capitão do barco que resultou ser um homem de bom senso e bondoso coração, pelo que me pareceu factível comovê-lo. Em consequência, sugeri ao jovem oficial a ideia de que para evitar a tremenda aflição que inevitavelmente haveria de afligir à mãe o seu suicídio, devia confessar o caso ao capitão e suplicar-lhe que deferisse todo o juízo com a promessa de restituir o quanto antes a quantidade desfalcada.

Aquela noite, o jovem oficial não podia abstrair-se de tal pensamento, indo de um lado a outro sem resolver-se decisivamente, mas como os marinheiros sempre estão alerta, não foi difícil ajustar as coisas de modo que o capitão aparecesse na porta do seu camarote, no momento oportuno para que o jovem oficial, ao vê-lo, se determinasse a confessar-lhe sua falta.

O capitão portou-se como um pai e restituiu do seu bolso a quantidade desfalcada, com a condição de mensalmente descontá-la do pagamento do oficial. Assim se salvou uma vida de promissoras esperanças.

XII

A criança perdida

Para mostrar a diversidade da obra astral que se nos depara, mencionarei outro caso em que interveio o mesmo neófito poucos dias do relatado.

Cada operário tem sempre em mãos certo número de casos comuns que durante algum tempo precisam de visitas noturnas, da mesma forma que o médico visita diariamente seus enfermos. Assim, quando tenho de instruir noviços, levo-os comigo nas rondas noturnas e atuo como um médico quando leva consigo um estudante de medicina para que aprenda na prática a tratar dos casos clínicos.

Assim, hão de se dar outros ensinamentos concretos, pois o principiante há de passar pelas provas da terra, da água, do ar e do fogo e aprender pela constante prática a distinguir entre as formas de pensamento e os seres viventes e como utilizar as 2401 variedades de essência elementar e materializar-se ou materializar a outros em caso de necessidade.

Igualmente há de saber tratar com as mil eventualidades que a cada passo se apresentam. Há de aprender, sobretudo, que nunca e em nenhuma hipótese há de perturbar-se nem experimentar a mais leve sombra de receio, por muito alarmantes e desusadas que sejam as manifestações que possam sobrevir.

A primeira necessidade de um operário astral é permanecer sempre dono da situação, seja ela qual for. Também deve estar cheio de amor e ansioso por auxiliar, mas não preciso ensinar estas qualidades, pois se o candidato não as possui, não o colocarão sob meus cuidados.

Uma noite ia visitar alguns dos meus casos comuns, passava por uma pitoresca e montanhosa comarca do país. Meus neófitos planavam pelos arredores sem perder a minha direção, do mesmo modo como um cão de caça vai e volta em torno do seu dono.

O jovem noviço que há poucos dias havia salvado a vida do oficial do vapor, veio de repente me dizer, com sua costumeira impetuosidade, que havia descoberto uma criança de uns oito anos de idade, perdida no fundo de uma enorme caverna, longe da luz do dia e aparentemente mio morta de fome, sede e em desespero. O caso recordou-me em parte o relatado no capítulo VII e parecia requerer o mesmo tratamento. Portanto, materializei meu ajudante, que não era Cirilo, mas um menino de outra raça. Neste caso foi também necessário prover-nos de luz, pois estávamos fisicamente em completa escuridão e assim, a criança meio desvanecida saiu do seu torpor ao ver que outra criança se inclinava sobre ela com uma refulgente lanterna na mão.

A primeira e mais premente necessidade era a de água. Afortunadamente, não muito longe dali fluía um riacho que a criança exausta não havia podido alcançar. Não tínhamos copo, ainda que pudéssemos fazer um, mas meu ansioso neófito não pensou nisso, mas correu ao arroio e trouxe um pouco de água nas mãos em concha.

A água reanimou a criança e depois de outros goles disse algumas palavras, contando que vivia num vale próximo. Deixei ao ajudante materializado ao cuidado da criança, para que não se sentisse abandonada e voltei a fim de inspecionar o terreno nas imediações, mas não encontrei nada que correspondesse à descrição da criança.

Retornei ao seu lado, a fiz pensar na sua casa, para ter uma imagem mental dela e remontei de novo com a imagem fotografada na minha mente. Vi então a casa, ainda que mais longe do que dissera a criança. Estavam lá várias pessoas que tratei de impressionar, relatando a angústia em que se encontrava o menino; que não consegui, pois nenhuma delas se mostrou receptiva.

Estavam transtornadas pela ausência do menor e haviam ido a sua procura com alguns vizinhos e talvez, devido a sua preocupação, não me era possível impressioná-los. Provavelmente, com muita persistência, tivesse rompido a barreira, mas como o estado da criança não permitia tanta demora, desisti de impressioná-los e busquei ao redor, alguma comida para desmaterializar, pois como era a casa da criança, tinha direto a eles e não era furto levá-los. rias pessoas que tratei de impressionar, relatando a angma imagem mental dela e remontei de novo com a imagem fotografada na mi

Apressadamente peguei pão, queijo e duas bonitas maçãs e regressei de imediato à cova, desmaterializando os alimentos que meu neófito se encarregou de proporcionar à criança faminta. Não tardou em recobrar-se e comeu até a última migalha do que havia trazido e apesar disso ainda pedia mais. Temi que, após tão prolongado jejum, mais alimento lhe fizesse mal, pelo que insinuei ao meu ajudante que dissesse que já não havia mais e que precisava tirá-lo da cova.

Em seguida, sugeri ao meu neófito que perguntasse à criança como havia entrado naquela cova. Rondando pelas colinas que circundam o vale onde desta sua casa, notou na ladeira uma pequena cova que nunca tinha visto. Movido pela curiosidade ali entrou, mas apenas havia adiantado alguns passos repentinamente afundou no solo e caiu numa caverna muito maior que abriu sob seus pés. Perdeu os sentidos e ao voltar a si, estava tão escuro que não distinguia o buraco por onde havia caído.

Depois inspecionamos a paragem e concluímos que foi estranho que ao cair não se ferisse gravemente, pois a altura era considerável, mas teve sorte de cair sobre um pedaço de terra suave. Não foi possível tirá-lo imediatamente de lá, porque as paredes eram lisas e verticais, além do que, o menino tinha vagado durante dois dias pela caverna, de modo que se achava bem afastado da entrada.

Depois de andar muito, encontramos a não longa distância, um riacho que ia dar aos pés da colina e como a criança já estava totalmente recuperada pelo alimento, pode seguir por seus próprios meios à margem da correnteza até a entrada da caverna que foi preciso ampliar com as mãos para dar passagem ao corpo da criança.

Era evidente que ao ar livre, a criança podia orientar-se e ao mesmo tempo esperávamos influenciar alguém dos que a procuravam para que viessem na mesma direção, de modo que nos pareceu uma oportunidade favorável para deixá-lo só.

O pai da criança fixou o propósito de explorar minuciosamente aqueles contornos e nossas sugestões não foram capazes de fazê-lo mudar da intenção, mas felizmente ia ao grupo de exploradores um cão muito impressionável, assim lhe infundimos a ideia de puxar com a boca, as calças de um dos participantes da busca para a direção onde estava a criança e deste modo o homem pensou que algum motivo levava o animal para fazer isso.

Assim foi e todos seguiram o instinto do cão. Quando a criança já estava fora da caverna, os exploradores chegavam aos francos opostos da colina. Como é natural, a criança suplicou ao seu salvador misterioso que a acompanhasse até sua casa, agarrou-se a ele com comovedora gratidão, mas o meu neófito disse-lhe que não lhe era possível porque já tinha outras ocupações, assim, limitou-se a levar a criança até o alto de uma encosta de onde pôde ver os que estavam a sua busca.

Um grito chamou-lhes a atenção e então meu ajudante despediu-se da criança para desmaterializar-se quase de imediato.

A criança nunca pôde suspeitar que seu salvador não fosse de carne e osso. Quando contou aos pais e parentes, todos estranharam a presença em tão erma paragem de um forasteiro casual cujo aspecto nada tinha de um camponês. Assim é que neste caso foi impossível aduzir alguma prova de intervenção suprafísica.

XIII

História de Ivy

A heroína desta história, chamada Ivy, é um dos nossos melhores operários no plano astral.

Durante a vida terrena pertenceu a um dos nossos círculos do Lótus e sua obra é um belo exemplo do bem que tais círculos podem fazer.

Era uma jovem brilhante artista, aficionada à música, atleta e além do mais hábil declamadora, mas, sobretudo, excelentemente bondosa, amável, afetuosa e sempre a auxiliar o próximo por mais que lhe custasse. Todos que tem esta qualidade no mundo físico são eficazes protetores no astral. Estou seguro de que seu karma consentiu que sua vida física fosse exemplar e proveitosa; mas não é fácil de entender que em tal caso, tivesse encontrado durante uma longa vida, a oportunidade de fazer nem a mínima parte do bem que já fez no mundo astral desde sua morte física. Desnecessário entrar em pormenores. Basta dizer que apenas contava dezoito anos morreu num naufrágio.

A encantadora Ivy dirigiu-se a Cirilo, que é seu instrutor especial, tão logo como recobrou a consciência e imediatamente, após consolar seus pais, parentes e amigos, solicitou que a dispusessem para a obra comum no mundo astral. Uma das mais simpáticas características de Ivy era que apesar da sua originalidade e candor, mostrava-se humildíssima a respeito de suas qualidades, com desejo de que se lhe ensinassem exatamente a trabalhar, anelante por aprender e compreender.

Ivy tinha especial afeto pelas crianças e seu campo de ação estende-se particularmente às meninas de sua idade e também às mais jovens. Interessou-se muito em emitir formas de pensamento para as pessoas e atingiu a mestria nesta especialidade. Cuida das crianças que tem medo da noite e de outros aos quais assaltam pensamentos de orgulho, inveja ou sensualidade.

Forja então a forma mental correspondente ao supremo tipo infantil e a envia para que atue como anjo da guarda de crianças. De quando em quando visita estas formas mentais para reavivá-las e mantê-las em constante atuação. Deste modo salvou muitas crianças.

Conheço um caso em que foi capaz de cortar uma loucura incipiente e outros dois, em que graças a sua proteção, evitou-se a morte prematura, assim como em outras oportunidades conseguiu melhorar o caráter dos seus protegidos. É impossível louvar tudo o que merece a boa obra que Ivy realizou deste modo. Outra, das suas variadas atividades, interessará àqueles que não se esqueceram da infância.

Muitas crianças vivem constantemente numa espécie de sonhos rosados, em que se configuram heróis de surpreendentes aventuras e de cenas de glória naval, militar ou atlética, assim como as meninas que se imaginam adoradas por uma corte de cavalheiros e galanteadores ou se representam na sua fértil e viva imaginação luxuosamente vestida e em posição social de grande poder e influência. Ivy se realiza em vivificar estes sonhos infantis, tornando-os reais, mas ao mesmo tempo, transmutando-os de egoístas em altruístas, de maneira que as crianças se imaginam benfeitoras e protetoras e não pensam no que possam receber, senão no que sejam capazes de dar. Assim, pouco a pouco se lhes vai melhorando o caráter. *"Como um homem pensa no seu coração assim ele é".*

Esta sentença convém também às crianças. Aquele que conheça o enorme poder do pensamento não o estranhará que atue este de tal forma nas crianças durante seus anos mais impressionáveis. Nem por isso, descuidou Ivy das tarefas cotidianas. Por exemplo, uma jovem por quem eu me interessava vivamente tinha que passar a convalescência de uma grave enfermidade e supliquei à Ivy que cuidasse dela. Creio que ela não teve nem uma hora de tédio durante a convalescência, porque Ivy sugeriu-lhe uma incessante corrente de pensamentos embelezadores e prazerosos.

Narrou-lhe contos de graciosa amenidade, cenas de diferentes partes do mundo com comentários explicativos, representações de seres viventes, tanto físicos como astrais, melodias de doçura sobre-humana, com muito mais inventivas das que posso recordar, com o objetivo da ajudá-la a passar agradável e instrutivamente a convalescência. Toda esta descrição geral da obra de Ivy não é mais do que o prelúdio do caso que vou relatar e que me parece que compreenderá melhor quem conheça a protagonista do acontecimento.

Desde o princípio, Ivy empenhou-se neste caso de cujo êxito se comprazia sobremaneira. Relatarei o que aconteceu brevemente em ordem cronológica, pois me veio transtornado ao conhecimento, porque primeiro me inteirei de uma aguda crise correspondente à metade do relato e a primeira parte que vale por todo o resto, só a soube algum tempo depois.

Parece que numa existência pretérita nasceu Ivy em Roma também com corpo feminino e teve uma amiga de colégio a quem chamaremos Rosa. As duas jovens se queriam muito e eram companheiras inseparáveis.

Rosa era surpreendentemente bela e apenas cumprido os quinze anos, interveio em sua vida o inevitável namorado. A excessiva confiança que nele depositou levou-a a um extremo vergonhoso e para ocultá-lo, fugiu de casa. Ainda que Ivy deplorasse o acontecimento, não abandonou sua amiga, manteve-a escondida por algum tempo e proporcionou-lhe o meio de sair da cidade.

Não obstante, parece que Rosa não escapou das consequências da sua confiança equivocada, pois caiu em mãos perversas e morreu em miserável situação. Rosa e seu sedutor haviam vivido numa mesma época da idade média, sem ser coetâneos de Ivy e reiteraram então, a mesma falta que cometeram em Roma.

Na vida a que se refere nosso caso, Rosa nasceu posteriormente à Ivy e em distinta parte do mundo. Desafortunadamente era filha ilegítima e sua mãe morreu a pouco de dar-lhe a luz. Não sei se esta circunstância da ilegitimidade foi consequência cármica da sua conduta em vidas anteriores, ainda que pareça o mais provável.

A mãe havia tido uma história muito triste e a tia que acolheu Rosa nunca pôde perdoar-lhe o ter sido, como ela supunha, causa da morte de sua querida irmã. Além do mais, a tia era uma rígida puritana da pior espécie, pelo que cabe imaginar quão infeliz foi a vida de Rosa.

Um ano antes de acontecer o que estou relatando, interpôs-se na vida de Rosa, o mesmo jovem da encarnação anterior, mas desta vez era um artista nômade e ambos repetiram a já sabida sorte.

O sedutor, ainda que de caráter fraco, não era o arteiro rufião que cabia esperar, possivelmente, desta vez se houvesse casado com ela, ainda que não dispusesse de recursos para afrontar um casamento, mas sem discorrer sobre o que tivesse acontecido, não teve ocasião de casar-se, porque morreu num acidente e deixou num estado comprometido. Não sabia a infeliz o que fazer, pois era impossível confiar a uma tia, a sua história e por isso pensou em atirar-se ao rio.

Com esta determinação saiu um dia de sua casa, deixando escrita uma carta para sua tia em que lhe comunicava seu propósito. O primeiro impulso a fez sentar-se à margem do rio, contemplando pensativamente a água. Compreender-se-á que a esta altura, Ivy nada sabia do quanto deixou escrito, mas naquele momento, apresentou-se no corpo astral, ao aparecer casualmente, ainda que eu não creia que nestas coisas haja algo casual.

De início, não reconheceu em Rosa a amiga de dois mil anos atrás, mas notou o terrível desespero em que se achava e sentiu-se profundamente atraída por ela com um vivo sentimento de piedade. Convém advertir que poucas semanas antes em relação com outro assunto, eu havia ensinado a Ivy maneira de hipnotizar eficazmente, explicando-lhe em que alguns casos era lícito empregar tal faculdade. E assim, naquele caso pôs em prática minhas instruções e infundiu em Rosa um profundo sono que a deixou adormecida à margem do rio.

Tão logo Rosa desprendeu-se do corpo físico, Ivy apresentou-se como uma amiga afetuosa, cheia de contagiosa simpatia até que finalmente logrou dissuadi-la da sua intenção de suicidar-se. Nem uma, nem outra sabiam que partido tomar. Ante esta indecisão, Ivy resolveu levar Rosa consigo a busca de Cirilo, que, por ser de dia, estava em corpo físico, muito atarefado com suas ocupações e pouco disposto naquele momento à comunicação astral. Em consequência, Ivy trouxe-me Rosa e contou-me as circunstâncias do caso. Insinuei que de imediato Rosa devia voltar para sua casa, mas não foi possível persuadi-la. Tão intenso horror causava-lhe a gélida crueldade de sua tia. Não havia outro recurso senão buscar trabalho em alguma parte, pois fiz Rosa renovar a promessa de que não atentaria contra sua vida.

Pareceu conformar-se em aceitar as dificuldades de um novo modo de existência e disse que por duro que fosse o que a aguardava, não seria pior do que passou em casa de sua tia e, portanto, estava decidida a tudo, ainda que morresse de fome. Ivy aprovou entusiasmada esta resolução e prometeu ajudá-la, por mais que não me pareceu claro o que ela pretendia fazer.

Como não havia outro remédio, decidimos que Rosa retomasse seu corpo físico. Afortunadamente, ao despertar na margem do rio, lembrou o suficiente daquilo que lhe parecia um sonho, para fugir com horror da água e encaminhar-se para a cidade.

Como costuma acontecer em tais ocasiões, Rosa não dispunha de muito dinheiro, senão o suficiente para encontrar naquela noite, um alojamento econômico e tomar uma refeição. Durante seu sono, Ivy confortou-a, alentando-a e consolando-a, enquanto buscava no mundo físico, alguém que pudesse ajudá-la.

Cirilo encontrava-se então no mundo astral e Ivy conseguiu sua cooperação. Encontraram uma compassiva anciã que vivia com uma criada, num formoso sitio nos arredores de uma aldeia a poucos quilômetros distantes dali, de sorte que após insistentes esforços, lograram que a anciã e Rosa, numa noite, sonhassem uma com a outra, de modo que, ao se encontrarem no mundo físico, manifestassem uma simpatia mútua.

Na manhã seguinte, Ivy dirigiu os passos de Rosa à casa da anciã; mas próximo dali, rendeu-se vencida pela fadiga e como só lhe restavam algumas moedas, não sabia aonde ir, nem o que fazer, parecendo-lhe que as esperanças acariciadas durante o caminho eram puro sonho. No final, completamente esgotada, deixou-se cair na beira da estrada, refletindo sobre sua desgraça e ali veio a encontrá-la a senhora idosa que logo reconheceu nela, a jovem com quem tão amorosamente havia sonhado. Rosa também reconheceu à idosa e este mútuo reconhecimento foi para ambas uma estranha e surpreendente experiência que as alegrou sobremaneira.

A senhora levou Rosa para sua casa e de imediato a jovem contou sua história que comoveu e despertou profunda simpatia no coração da idosa. Ofereceu a boa acolhida de Rosa na casa, pelo menos até o parto e não é improvável que não se decida a adotar Rosa, pois Ivy trabalha neste sentido com esperança de sucesso e quando se propõe a conseguir algo, geralmente consegue.

XIV

Casos típicos comuns

Um triste caso, onde pudemos atuar muito diretamente, foi o daqueles três pequenos, cuja mãe habitualmente ébria, recebia uma pensão modesta e, portanto não foi possível induzi-la a separar-se das crianças no momento, ainda que não lhes prestasse a mínima atenção, nem lhes dedicava o menor carinho.

O maior contava apenas dez anos e não podiam ser piores as condições mentais, astrais e etéreas que o rodeava.

A mãe estava longe do alcance de qualquer influência benéfica, ainda que se fizessem muitos esforços para despertar sua natureza superior e só consegui deixar um dos meus jovens ajudantes ao lado dos pequenos para preservá-los pacientemente das horríveis formas mentais e das grosseiras entidades que se agrupavam tão apinhadamente em torno da tão degradada mãe.

Ensinei meu auxiliar a formar uma couraça que protegesse as crianças e a criar elementos artificiais que os resguardassem o máximo possível. Tropeçávamos com a dificuldade de que, os espíritos da natureza não querem atuar em tão repulsivas condições, ainda que possível obrigá-los a isso por meio de certas cerimônias mágicas, reprovam estes procedimentos quantos agem sob os auspícios da Grande Loja Branca. Só aceitamos a cooperação voluntária e não podemos esperar que entidades do nível em que se encontram os espíritos da natureza, sejam capazes de abnegar-se, até o extremo de trabalhar voluntariamente em casos desta índole e em condições tão terríveis para eles.

É possível criar formas de pensamento que atuem em qualquer tipo de condições, mas a inteligente cooperação de um espírito da natureza para que anime uma forma de pensamento, só convém quando voluntariamente se presta à obra. Mais tarde, todavia, adiantamos algo neste caso. Esforçamo-nos decididamente tanto no plano físico como no astral e fomos coroados temporariamente de bom êxito.

As duas crianças maiores ingressaram num orfanato e ainda que a mãe retivesse logo o menor, confiou-o depois ao cuidado de piedosas vizinhas que lograram reformar-lhe o caráter com bastante trabalho. Temos na obra atual muitos casos em que é preciso a ação incessante, isso é, quem aceita tal tarefa, há de estar continuamente junto ao carente disposto sempre a prestar-lhe ajuda.

Quando os seres ocupados na obra geral de proteção e auxílio não podem dedicar-se por inteiro a um caso particular, confiam o necessitado a parentes capazes de protegê-lo e dele cuidar.

Um sujeito recentemente falecido, a quem um dos seus parentes havia me suplicado que o ajudasse, estava lastimosamente abatido e rodeado de uma volumosa nuvem de pensamentos sinistros em cujo centro se considerava impotente e irremediavelmente desamparado.

Em vida sua conduta não havia sido muito exemplar, digamos que havia muitos aos quais prejudicou os que, por sua vez, lhe enviavam pensamentos de vingativo rancor. Estas formas mentais atravessavam a nuvem de depressão e aderiam-se naquele homem como sangue suga que lhe chupavam a vitalidade desvanecia toda esperança e abatiam-lhe o ânimo, deixando-o consumido de desespero.

Falei-lhe tão alentadoramente como pude, dizendo-lhe que, se não se havia comportado bem em vida, como fora seu dever, estava justificada a animosidade que contra ele sentiam as vítimas da sua maldade, mas era pernicioso e inútil entregar-se ao desespero.

Representei-lhe o prejuízo que havia causado a sua viúva com semelhante depressão, pois os pensamentos sinistros que alimentava repercutiam nela e a afligiam miseravelmente.

Acrescentei ainda que fosse possível desfazer o mal, podiam minorar seus efeitos, procurando vencer o desgosto que lhe haviam acarretado suas más ações e rebatê-lo com desejos benévolos em vez de ceder às rajadas alternativas de ódio e desespero que o conturbavam.

O tema das minhas exortações fundamentava-se em que devia esquecer-se de si mesmo e das suas aflições e só pensar no efeito que a sua atitude produzia no ânimo da sua viúva. O pobre homem seguiu regularmente meu conselho, pois ainda que prometesse tentá-lo e seguramente tentou, compreendi que tinha poucas esperanças de êxito ou talvez nenhuma, dado que se considerava fracassado de antemão.

Falei-lhe claramente sobre tudo isso, quebrantei o cerco de depressão que o aprisionava, dissipei a densa nuvem que o envolvia, de modo que as formas mentais sinistras daqueles aos quais havia prejudicado na tivessem tanta facilidade de ferrá-lo.

No momento pareceu alegrar-se carinhosamente com a imagem que lhe formei da esposa a quem muito havia amado e disse-me: *"Enquanto estás aqui, creio que sou capaz de vencer o abatimento, mas quando sais, me desanimo"*. Respondei-lhe que não tinha como desanimar-se e que cada determinado esforço para combater o abatimento, lhe facilitaria o esforço seguinte, pois era dever seu não recuar até vencer aquela resistência.

Tive que continuar com minhas ocupações, mas deixei um dos meus ajudantes, encarregado interinamente daquele homem para evitar que se apoderassem dele as formas mentais sinistras, pois compreendia que se esta obra se efetuasse com suficiente persistência, poderíamos chegar a um ponto em que o homem fosse capaz de resistir por si mesmo e manter-se em firme posição, apesar de que, devido ao seu prolongado abatimento, tivesse de início, forças reduzidas para sustentar a luta.

Meu jovem ajudante esteve cuidando deste homem durante duas ou três horas, até que os pensamentos sinistros fossem menos frequentes e o sujeito pôde, até certo ponto, resistir a eles de modo que o auxiliador acreditou oportuno voltar ao meu lado.

Estava a ponto de regressar, deixando alguns pensamentos vigorosos e alentadores na mente do homem, já mais tranquilo, quando viu uma menina que, em corpo astral fugia aterrorizada de um duende na convencional figura de um ogro. Rapidamente se interpôs no caminho, exclamando: *"Que é isso?"* A temerosa menina agarrou-se a ele convulsivamente, apontando o diabo que a perseguia.

O jovem protetor disse depois que havia repugnado a visão do duende, mas que se sentiu indignado pelo que acontecia à menina e como havia recebido instruções de que em casos semelhantes era necessário fazer frente às circunstâncias, concentrou toda a sua vontade contra o ogro, que se deteve a certa distância, fazendo contorções e rilhando os dentes para causar espanto.

Como a situação não mostrava sinal de mudança, o neófito impacientou-se, mas se lhe havia vedado qualquer ação agressiva, a não ser que se lhe dessem concretas instruções para isso, de modo que não sabendo o que fazer, veio procurar-me trazendo consigo a menina amedrontada, mas movendo-se circunspecto e lentamente olhando sem cessar o duende que os seguia à curta distância.

Quando tive tempo de ocupar-me do caso, investiguei o assunto e descobri que a pobre menina padecia, com frequência de horríveis pesadelos dos que seu corpo físico despertava convulso, dando penetrantes gritos. A entidade perseguidora não era mais do que uma forma de pensamento temporariamente animada por um malicioso espírito da natureza da pior espécie, que se divertia sem piedade, com o terror da menina, a quem expliquei todas estas circunstâncias.

O indignado neófito prorrompeu em insultos contra o espírito da natureza, chamando-o de maligno e de malvado, mas eu lhe disse que o caso era parecido ao do gato que brinca com o rato e que as entidades em tão inferior estágio de evolução seguem simplesmente as propensões da sua natureza involutiva, portanto não se lhes podia chamar malvadas. Ao mesmo tempo disse ao meu ajudante que tão enganosas aparências não deviam causar terror e sofrimento aos seres humanos e, portanto ensinei-lhe a dirigir a força da sua vontade contra aquele espírito da natureza e desalojá-lo de forma que se desvaneceria o impulso da sua vontade.

A menina viu, entre amedrontada e feliz, que o ogro desaparecia e encontrou a esperança que esta experiência lhe desse valor no futuro e que seu sonho fosse menos agitado.

Há no mundo astral muitas formas de pensamento de índole sinistra e as piores de todas são as relacionadas com as falsas e insensatas crenças religiosas, como demônios de várias classes e divindades coléricas.

O ocultista pode facilmente desvanecer tão imaginárias entidades, pois não são criaturas vivas, senão criações temporárias sem vida própria.

Um caso muito interessante que chegou ao meu conhecimento é o de um irmão e uma irmã que se queriam muito na juventude. Por desgraça, depois se interpôs entre eles, uma astuta mulher que dominou o irmão e o induziu a desconfiar de sua irmã que fundadamente receava da adventícia e preveniu o irmão. Ele, em vez de analisar melhor, não pensou duas vezes e esbravejou com a irmã.

A obsessão do irmão durou mais de um ano. A irmã, entretanto, manteve-se afastada, pois havia sido insultada gravemente e sua dignidade não lhe permitia esquecer o agravo.

Pouco a pouco, o irmão foi descobrindo o caráter verdadeiro da mulher que durante tanto tempo o havia alucinado e ainda que, já não fosse possível ignorar sua conduta, estava um tanto ressentido contra sua irmã acreditando que, a não ser por intromissão da sua amante, haveria permanecido fiel a ela, mesmo assim não se reconciliou com a irmã, apesar de já não existirem as causas para aquele rompimento.

Neste caso, o melhor a fazer era destinar à obra dos protetores, um para o serviço da irmã e outro para o do irmão e representar sem cessar as cenas do passado em que tão terna e profundamente se amavam.

Depois de enviar-lhes estas correntes mentais, ensinei meus ajudantes a emitir-lhes formas de pensamento com o que podiam prosseguir alentando-os.

Os irmãos não tinham a menor ideia do auxílio que estavam recebendo e parecia-lhes que espontaneamente pensavam um no outro e recordavam os mais minuciosos incidentes de sua infância e adolescência. Durante algum tempo predominou o amor próprio, até que afinal o irmão respondeu às sugestões incessantes e foi ver sua irmã.

Ela, contrário ao que receava, recebeu-o com muita alegria, sem aludir à sua desavença. Reconciliaram-se imediatamente e é pouco provável que no futuro consintam que surja a mais leve nuvenzinha entre eles.

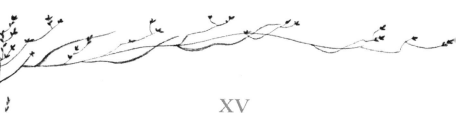

XV

Naufrágios e catástrofes

À s vezes, os membros da fraternidade de protetores podem evitar iminentes e terríveis catástrofes. Em mais de um caso, ao encontrar-se o capitão do navio fora do rumo, quer por alguma corrente desconhecida, quer por equívoco de cálculo e, em consequência disso em grave perigo, foi possível prevenir o capitão contra o naufrágio mediante reiteradas sugestões transmitindo-lhe a ideia do sinistro ainda que lhe venha um pressentimento ou uma vaga intuição, se ela persiste ou renasce insistentemente, é quase seguro que não a relutará como inútil e tomará precauções pertinentes.

Em um caso, por exemplo, em que a embarcação estava muito mais próxima da terra do que imaginava, o capitão sentiu várias vezes uma íntima excitação para lançar a sonda e ainda que resistisse à ideia, durante algum tempo, considerando-a desnecessária e absurda, finalmente ordenou quase instintivamente que a lançassem.

O resultado surpreendeu-o de fato e como ao mesmo tempo assegurara a posição do barco, mantendo-se próximo da costa, viu ao amanhecer, a iminência do que teria sido um espantoso desastre. Não obstante, as catástrofes são, geralmente, de natureza cármica, portanto não é possível evitá-las, ainda que, tampouco, deva supor-se que em semelhantes casos se dispense qualquer auxílio.

Pode acontecer que as pessoas as quais o acidente ameace, estejam destinadas a morrer e não corresponda salvá-las da morte, mas em alguns casos pode também haver alguma justificativa preparada para elas, cabendo, para tanto, dispensar-lhes proteção após o trânsito. De todos os modos podemos estabelecer definitivamente que onde ocorra uma grande catástrofe, os prejudicados receberão proteção especial.

Dois exemplos desta proteção se nos oferecem: o naufrágio do vapor, The Drummond Castle na altura do cabo de Ushant e o terrível ciclone que assolou a cidade americana de São Luís. Ambas as catástrofes foram vaticinadas poucos minutos antes de ocorrer e os protetores fizeram quanto lhes foi possível para serenar os ânimos dos homens, a fim de que, chegado o momento, não se transtornassem se lhes houvesse acontecido de outra maneira.

Naturalmente, a maior parte da tarefa a favor das vítimas de ambas as catástrofes, foi realizada no plano astral, logo depois de ocorrida morte física.

É triste confessar que quando ameaça alguma catástrofe, os protetores, muitas vezes, ficam perturbados em sua benéfica tarefa pelo terrível pânico das pessoas, ou, o que pior, pela alienada embriaguez daqueles aos quais tratam de auxiliar.

Alguns navios já naufragaram encontrando-se toda a tripulação ébria, porém, incapazes de receber auxílio algum, nem antes, nem muito tempo depois da morte.

Se alguma vez nos encontrarmos em perigo iminente e em nosso parecer inevitável lembremos que o auxílio está próximo de nós e só depende de facilitar ou dificultar a tarefa dos protetores invisíveis.

Se com serenidade, enfrentamos o perigo, convencidos de que não pode afetar nosso verdadeiro ser, devemos abrir nossa mente à inspiração que os protetores procuram infundir-nos. Isso é o melhor para nós, quer quando tentam salvar-nos da morte, quer, quando não é possível, podendo conduzir-nos em segurança através do túnel escuro e passar além da morte. A proteção é tão frequente em casos de acidentes individuais, como no de catástrofes coletivas.

Durante uma das grandes tormentas que devastam as costas britânicas, há poucos anos, uma barca de pescadores foi surpreendida pelo temporal em alto mar. A bordo, um velho pescador e um jovem tentavam evitar, o primeiro, com suas manobras que o barco virasse. Não vislumbrava a possibilidade de socorro e ainda que houvesse, não seria possível ajuda na horrorosa tormenta. O pescador compreendeu que não tinha salvação possível e que a morte era coisa de poucos momentos. Esta ideia pôs maior espanto em seu coração, já desfalecido pelo medonho espetáculo da solidão oceânica e pela recordação de sua mulher e de seus filhos, que, morto ele, ficariam na mais penosa miséria.

Nossa Presidente que, então, passava por ali, ao ver a cena, procurou consolá-lo, mas como a mente do velho estava tomada de terror, não conseguiu e assim pensou em aparecer, com o objetivo de prestar-lhe melhor auxílio.

Depois, ao relatar o caso ela disse que foi coisa admirável e surpreendente a mudança operada no semblante do pescador ao contemplar a fúlgida aparição que protegia a barca. Acreditou que anjo chegara para consolá-lo no supremo transe e por lê teve a convicção de que não só o conduziria seguramente através das portas da morte, mas que também sua família não ficaria desamparada.

Quando, pouco tempo depois sobreveio a morte, seu rosto já não denotava o terror e a ansiedade que previamente experimentara e ao recobrar a consciência no plano astral e ver o anjo junto dele, sentiu-se em comunidade com ele e dispôs-se a receber as advertências concernentes nova vida.

Tempos mais tarde, nossa Presidente ocupou-se com uma tarefa semelhante, que assim narrou: *"Recordam-se daquele vapor que naufragou por causa de um ciclone em novembro último? Pois bem, fui até um camarote onde estavam encerradas cerca de doze mulheres, achavam-se na mais deplorável situação entre gemidos e lamentos arrancados pelo terror. O barco fazia água, sendo o naufrágio inevitável e o estado de alienado terror daquelas mulheres, era péssima condição para o trânsito de uma a outra vida. A fim de sossegá-las, materializei-me e como é natural, crendo que era um anjo, prostraram-se diante de mim, rogando-me que as salvasse. Uma delas pos seu pequenino nos meus braços com fervorosa súplica, pedindo-me que pelo menos salvasse a vida daquele inocente. Ao ouvir-me, apaziguaram-se pouco a pouco, ficando a criança dormindo risonha e sugerindo-lhes a ideia do Céu, foram caindo em sono tão tranquilo que não despertaram ao chocar-se o barco. Submergi com elas para mantê-las adormecidas até o último momento e cuidando para que não percebessem a mudança do sono para a morte".*

Evidentemente, os que receberam tal auxílio neste caso, não só tiveram a enorme vantagem de achar a morte leve e tranquila, senão também, a maior complacência de serem recebidos no além por aquele que já estava disposto ao amor e à esperança. Para quem conhece perfeitamente o novo mundo em que se encontraram e não só pude dar-lhes a segurança da sua salvação, senão aconselhá-las de como haviam de coordenar suas vidas naquelas circunstâncias tão diversas.

Isso leva-nos a considerar um dos mais amplos e importantes aspectos da tarefa que tem os protetores invisíveis: guia e auxílio que são capazes de dar aos mortos.

XVI

A ação entre os mortos

Um dos vários males procedentes das doutrinas absurdas que sobre as condições posteriores à morte predominam em nosso mundo ocidental, é que ao deixar sua envoltura física os mortos ficam confusos e muitas vezes, profundamente aterrorizados. Sobretudo, ao ver-se em estado tão distinto do que por suas crenças religiosas esperavam.

A atitude mental de grande número de indivíduos foi explicitamente evidenciada há pouco, por um general inglês que três dias após sua morte, encontrou alguém da fraternidade de protetores a quem havia conhecido no mundo físico.

Depois de expressar sua satisfação por ter encontrado finalmente com quem comunicar-se, disse-lhe em tom inquisitivo: *"Mas se estou morto, onde estou? Porque se este é o céu, não tenho a sensação dele; se é o inferno, é muito melhor do que esperava"*.

Desafortunadamente, a maioria das pessoas tem ideias menos filosóficas. Ensinaram-lhes que todos os homens, menos alguns poucos que são sobre-humanamente bons, estão destinados ao fogo eterno e com um ligeiro exame de consciência os convence de que não pertence a essa última categoria, ficando quase sempre presas de um descontrolado pânico, temendo, a cada momento, que o novo mundo em que se encontram, atire-os nas garras do demônio, em cuja existência tão persistentemente se lhes ensinou a crer.

Em muitos casos transcorrem longos períodos de torturas mentais, antes de sentirem-se livres da fatal influência da blasfema doutrina das penas eternas; antes que possam convencer-se de que o mundo não está sujeito ao capricho de um horrível demônio que se ufana com as angústias humanas, mas regido pela benévola e maravilhosamente paciente lei da evolução, que ainda que seja absolutamente justa oferece de quando em quando aos homens, conjunturas de progresso com tanto que saibam aproveitá-las em qualquer etapa da sua evolução. Para sermos justos, devemos dizer que a ideia do demônio só tem esta horrível forma nas comunidades protestantes.

A grande igreja católica romana, com sua doutrina do purgatório, aproxima-se muito do conceito do plano astral e seus fieis devotos creem, de todos os modos, que o estado em que se veem depois da morte é unicamente temporal e que tem o dever de sair dele, tão logo quanto possível, pela intensa aspiração espiritual, aceitando, contudo, qualquer sofrimento que lhes sobrevenha, como necessário para purificar-se das imperfeições do seu caráter, antes de entrar nas excelsas e refulgentes regiões celestiais, onde, conforme sua fé hão de gozar da eterna bem-aventurança.

Assim vemos que para os recém-falecidos há abundante tarefa para os protetores, porque na imensa maioria dos casos estão necessitados de sossego, segurança, fortaleza e ensinamentos. Tanto no mundo astral como no físico há muitos que não estão bem dispostos a receber conselhos de quem sabe mais do que eles; mas a novidade das circunstâncias que os rodeiam, vence a vontade de muitos mortos para aceitar a guia dos que estão familiarizados com tais circunstâncias, ficando assim consideravelmente reduzida a permanência de muitos homens no plano astral, graças aos ardentes esforços da fraternidade de infatigáveis operários. Por outro lado, devemos levar em consideração que os protetores não podem, de modo algum, entorpecer o karma de um morto, porque ele se foi, formando em vida, um corpo astral de certo grau de densidade e até que este corpo não se desintegre será impossível a ele, passar ao mundo celestial.

É preciso, para isso que não se prolongue com sua incorreta atitude, a duração do período necessário para este processo. Todos os estudantes de ocultismo compreenderão a verdade de que a duração da vida astral de um homem, depois de abandonar o corpo físico, depende principalmente de duas condições: O finzinho da sua passada vida terrena e a disposição do seu ânimo no preciso momento e depois do trânsito a que comumente chamamos morte.

Durante sua vida física está constantemente juntando matéria ao seu corpo astral, pois o afeta diretamente com as paixões, emoções e desejos cuja tirania consente e o afeta indireta e elevadamente pela ação dos seus pensamentos e também, indireta, ainda que inferiormente, pelos pormenores da sua vida física, por sua continência ou intemperança, sua sujeira, por seus alimentos e bebidas. Se é persistente na perversidade de qualquer um destes vícios ou tão imbecil que se construa um grosseiro e denso veículo astral habituado de responder unicamente às ínfimas vibrações do plano, depois da morte encontrar-se-á sujeito ao sub-plano inferior do astral durante o longo e lento processo da desintegração do seu corpo.

Entretanto, se com honesta e cuidadosa vida forma um veículo composto principalmente de matéria sutil, encontrará depois da morte muito menos perturbação e desconsolo, sendo sua evolução muito mais fácil e rápida.

Esta primeira condição relativa ao corpo astral é geralmente considerada, mas a miúdo, costuma-se esquecer da segunda, que é a atitude mental depois da morte. O importante para o homem é compreender como está situado neste mínimo arco da sua evolução, saber que propende interiormente ao plano do seu verdadeiro eu e que, em consequência, deve afastar seu pensamento das coisas terrenas e convertê-lo, cada vez, com maior afinco, às contemplações espirituais que hão de ocupar sua vida no mundo celestial. Assim facilitará em grande forma a natural desintegração do seu corpo astral, esquivando-se do triste e frequente erro de manter-se inutilmente nos níveis inferiores que foram sua residência transitória.

Muitos mortos retardam consideravelmente o processo de desintegração pela apaixonada nostalgia da terra que deixaram. Não dirigem seu pensamento para planos elevados, mas esforçam-se em manter-se em contato com o plano físico, perturbando grandemente quem trata de auxiliá-los. Para eles, os bens terrenos sempre tiveram exclusivo interesse e assim, após a morte a eles se aferram com exclusiva tenacidade. Conforme passa o tempo, encontram crescente dificuldade em manter o desejo pelas coisas terrenas, mas em vez de acolher e fomentar este processo de refinamento gradual e espiritualização, a ele resiste vigorosamente por todos os meios que tem ao seu alcance. Não obstante, a potentíssima força de evolução é demasiado forte para eles e quando se veem arrastados pela sua benéfica corrente, ainda lutam em cada etapa do caminho, ocasionando não apenas um milhão de penas e tristezas, mas também deplorável atraso na senda do seu aperfeiçoamento, prolongando quase indefinidamente sua permanência no plano astral.

Os protetores empregam grande parte do seu labor em convencê-los de que esta oposição néscia e nociva à vontade cósmica é completamente oposta às leis da natureza, em persuadi-los a tomar uma atitude mental diametralmente inversa àquela que enganosamente se mantêm. Muito mais podem fazer os protetores em favor dos que tenham estudado estes assuntos e aprendido a dominar-se durante a vida terrena.

Conforme o que expus nas minhas obras: O Plano Astral e Mais além da Morte, quando morre o corpo físico, o corpo astral se reordena em capas concêntricas pela ação do desejo e esta circunstância limita temporariamente a consciência ao sub-plano inferior. Não obstante, o defunto não está forçado a submeter-se a esta reação ou reajuste, pois assim como durante a vida física pôde vencer os impulsos do desejo, assim também pode vencê-los na vida astral, quando se vale da sua vontade, quer dizer, que em seu poder está o resistir ao reordenamento e restituir sua flexibilidade ao corpo astral. Pode insistir em mantê-lo na mesma condição em que o tinha na vida terrena, ainda que deste modo prolongasse a luta contra o elementar do desejo da própria sorte, já que na vida física o homem luta constantemente contra algum vigoroso desejo.

Vale a pena, porém, fazer o esforço, pois quando o desejo for vencido, poderá mover-se livremente em todo plano astral, com plena consciência de todos os sub-planos, assim com aquele que, todavia, vivente no plano físico, desprende-se inteiramente do corpo denso para agir no plano astral. Deste modo, não só pode abreviar consideravelmente sua vida astral, como torná-la muito mais feliz enquanto dure.

Quem assim se libera está em posição de proteger os carentes de auxílio e se está suficientemente instruído, pode ingressar na corte de protetores e empreender como eles as tarefas cotidianas, de sorte que seja útil aos seus companheiros de vida astral e incidentalmente acumulará bom carma.

Outro motivo para que se resista contra a concentração de camadas do corpo astral, é que impede ou pelo menos demora a reunião com os parentes e amigos. O corpo astral não tem separados órgãos de sensação como o corpo físico. A figura de matéria astral mais densa no centro do ovoide do corpo astral reproduz exatamente a configuração do corpo físico com todos os seus pormenores e ainda que tenha a aparência de olhos não vê através deles e apesar de ter ouvidos, não ouve por eles.

O corpo astral recebe através das partículas da sua superfície as vibrações que produzem a equivalência do que se chama ver e ouvir no mundo físico.

O corpo astral contém partículas de matéria correspondentes a cada um dos sub-planos, pois cada uma das ditas classes de matéria astral só pode receber as vibrações sintonizadas com ela. Durante a vida astral todas as partículas do corpo astral estão em constante e rápido movimento de circulação, exatamente o mesmo que as borbulhas de água fervente, de modo que sempre sobem e baixam à superfície partículas de cada sub-plano. Devido a isso, o homem interior vê a cada momento as cenas e os habitantes de qualquer sub-plano.

Se encontrar algum amigo no plano astral durante a noite, o vê exatamente tal como é em corpo astral. Se, porém, o indivíduo permite que o elemento do desejo lhe reordene em capas concêntricas o corpo astral, só permanecerão na superfície as partículas grosseiras correspondentes ao ínfimo sub-plano no qual permanecerá recluso e só perceberá as desagradáveis cenas do referido sub-plano.

Se encontrar um amigo, só verá dele a parte grosseira, suas qualidades sinistras, se as tiver, mas se o amigo deixou há muito tempo o plano físico e eliminou as sinistras características não poderá vê-lo de modo algum.

Quando um produtor invisível desfaz as capas concêntricas e restaura a circulação de partículas, o indivíduo recém-desencarnado pode ver todo o plano astral e desfrutar da companhia do amigo residente desde longo tempo no referido plano. Portanto se hão de frustrar de todos os modos os procedimentos do elementar.

Acontece que em algumas ocasiões, a vontade dos mortos fica ligada à terra pela ansiedade que lhes causaram os deveres não cumpridos ou as dúvidas não satisfeitas, mais a miúdo, pelo desamparo da mulher e dos filhos. Em tais casos foi necessário, antes do morto prosseguir seu caminho em paz, que o protetor proviesse em representação sua, as necessidades do plano físico, cuja satisfação o transtornava.

Um exemplo tomado das nossas experiências, explicará melhor. Um membro da fraternidade de protetores tentava auxiliar um pobre homem que havia morrido numa cidade do ocidente, mas era impossível afastá-lo do pensamento das coisas terrenas, pela ansiedade que sentia a respeito dos seus filhos de pouca idade que deixara desamparados.

Como modesto trabalhador que havia sido, não pode legar-lhes poupança. Sua mulher havia falecido dois anos antes e a proprietária das terras, ainda que muito compassiva e com vontade de fazer algo em benefício das crianças, não era suficientemente rica para adotá-los e com pesar, via-se obrigada a pô-los em algum asilo. Esta era a intensa pena do pai morto, pois não podia censurar o procedimento da proprietária e era ao mesmo tempo, incapaz de sugerir outro meio de ampará-los.

O protetor perguntou se não tinha algum parente para confiar os filhos e o pai disse que não conhecia ninguém, pois ainda que tivesse um irmão que em último extremo teria feito certamente algo por eles, há quinze anos não sabia nada dele, nem sequer se estava vivo ou morto. A última vez que teve notícias suas, inteirou-se de que trabalhava como aprendiz com um carpinteiro do norte.

Sabia que era um homem honrado e estava seguro de se soubesse acudiria em ajudar seus sobrinhos. As circunstâncias eram, na verdade, pouco favoráveis, mas como desde então parecia não haver outro recurso pata proteger as crianças, o protetor acreditou que o mais urgente fosse realizar um esforço extremo para localizar o homem.

Levando o pai consigo, pacientemente começaram a indagar sobre o paradeiro do irmão na cidade indicada. Depois de muito trabalho conseguiram encontrá-lo. Era já mestre carpinteiro, com um florescente negócio, casado, sem filhos, mas com ardente desejo de tê-los a seu lado e, portanto, muito indicado para aquela eventualidade. A questão consistia em como conduzir os fatos ao irmão, para que chegasse ao ocorrido. Afortunadamente viram que era de temperamento tão impressionável que com facilidade poderiam representar-lhe vivamente em sonhos, as circunstâncias da morte do seu irmão e o desamparo dos seus sobrinhos.

Por três vezes consecutivas se lhe repetiram a sugestão, indicando-lhe com toda a clareza o lugar do falecimento e ainda o nome da proprietária das terras.

O carpinteiro ficou profundamente impressionado por aquela visão representativa. Logo conversou ardentemente com sua mulher que o aconselhou a escrever para o lugar indicado. Não fez assim, mas sentiu-se poderosamente inclinado a ir até lá para certificar-se de que, efetivamente, havia uma casa como a contemplada em sonhos.

Como era um homem trabalhador, achou conveniente não perder nem um dia de trabalho, pelo que, em último caso, não fosse mais do que um sonho. Malograda a esperança de que o carpinteiro enviasse uma carta, os protetores resolveram que um deles escreveria uma carta ao carpinteiro, detalhando as circunstâncias da morte do seu irmão e a orfandade das crianças, exatamente tais como as vira em sonhos. Ao receber esta corroboração, o carpinteiro não vacilou um instante mais. No dia seguinte partiu para o lugar indicado, onde foi recebido de braços abertos pela compassiva proprietária.

Aos protetores havia sido fácil conseguir que, dado o bom coração desta mulher, mantivesse com ela, durante alguns dias as crianças, à espera de uma ou outra solução. Congratulava-se ela de assim ter procedido.

O carpinteiro adotou as crianças, levou-as consigo para o seu lar feliz e o pai morto pôde, desvanecida a ansiedade, continuar tranquilamente seu caminho.

Desde que os autores teósofos consideraram como um dever representar energicamente os males acarretados pela influência das sessões espíritas, elas só podem ser admitidas de boa fé que em determinadas ocasiões, pela ação de um médium ou de algum dos circunstantes, foram realizadas obras de proteção iguais às relatadas. Por isso, ainda que o espiritismo tenha muitas vezes atrasado almas, que sem semelhante trava, teriam conseguido a liberação mais rapidamente, deve reconhecer-se que proporcionou, por outros meios, a abertura à senda do aperfeiçoamento.

Há exemplos em que o defunto foi capaz de aparecer por si mesmo a seus parentes ou amigos e manifestar-lhes seus desejos, mas estes casos são muito raros e a maior parte das almas que estão ligadas à terra por ânsias como as descritas, só podem valer-se dos serviços de um médium ou do protetor consciente.

Outro caso muito comum no plano astral é o dos que não acreditam que morreram. A maior parte deles considera o fato de estarem, todavia, conscientes, como uma prova irrefutável de que não transpuseram os umbrais da morte. Há nisso, algo de sarcástico, quando se medita a respeito das tão difundidas crenças sobre a imortalidade da alma! Por muito que tenha demonstrado esta crença durante sua vida, a grande maioria dos homens demonstra, ao morrer com semelhante atitude, que era só uma intenção e o propósito materialista de coração; e os que lealmente, assim se chamavam em vida, não mostram tanta perplexidade na sua atitude como outros que tiveram rejeitado tal qualificativo.

Um exemplo recente é o de um intelectual que, encontrando-se plenamente consciente, mas sob condições radicalmente distintas das que até então havia experimentado, acreditava-se ainda vivente, apesar de vítima de prolongado e desagradável sono.

Felizmente, para ele, entre os atuantes do plano astral, estava o filho de um amigo seu, um jovem cujo pai havia mandado em busca do homem de ciência e dar-lhe algum auxílio. Ao encontrá-lo e aproximar-se dele, o jovem, depois de muito trabalho, o intelectual confessou que efetivamente sentia um grande embaraço e desconforto, mas aferrado à suposição do sonho que dava como explicação do quanto via e sucedia, até o ponto de crer que seu visitante não era senão uma visão. Por último, ele mesmo achou a forma de propor uma prova eficiente e disse ao jovem: "*Se, como asseguras, és pessoa viva e filho do meu antigo amigo, traga-me alguma mensagem dele que me prove tua objetiva realidade*".

Ainda que sob as condições comuns do plano físico isso seja rigorosamente proibido aos discípulos do Mestre, parece que um caso como este não há de entrar na regra e, portanto, uma vez seguros de que não havia objeção alguma de parte das autoridades, o pai foi exortado a enviar uma mensagem relatando vários acontecimentos ocorridos antes do nascimento do filho.

Ele convenceu o morto da existência do seu jovem amigo e, portanto, da realidade do plano em que ambos atuavam. Ante tal convencimento, confirmou-lhe sua cultura científica, despertando-lhe ardentes desejos de adquirir todas as notícias possíveis daquele novo mundo. Não obstante, a mensagem que tão facilmente havia aceitado como prova, não era em realidade plena, porque os fatos ali referidos podiam ter sido conhecidos ou lidos no plano akásico por algum ser dotado de visão astral, mas sua ignorância desta possibilidade determinou nele a convicção definitiva e os ensinamentos teosóficos que o seu jovem amigo lhe está dando agora.

A cada noite produzirão indubitavelmente efeito maravilhoso sobre seu futuro, porque não só modificarão profundamente o estado celeste que há de abrir-se imediatamente ante ele, senão que influirá também na sua próxima encarnação na terra. Assim, pois, a principal tarefa que cumprem nossos protetores, a respeito dos recém-falecidos é a de abrandá-los, consolá-los e livrá-los, quando é possível, do angustioso temor que a miúdo os surpreende e não só lhes causa inúteis sofrimentos, senão que retarda seu progresso para as esferas superiores e por último, quanto seja possível, a de torná-los capazes de compreender o futuro que os aguarda.

Tomando minha própria obra como exemplo, tenho grande número de indivíduos desencarnados que visito cada noite e constantemente se me apresentam novos casos. Uma das peculiaridades da obra com os desencarnados é que costumam ser tão medrosos como crianças no escuro.

Enquanto uma pessoa maior está à cabeceira da cama de uma criança e com a mão dada, não se queixa e mostra-se contente porque se crê segura, mas quando o adulto sai e o deixa às escuras, volta a ter medo, por isso é preciso ficar ao seu lado, manter-lhe a mão dada até que durma. O mesmo se há de fazer com muitos desencarnados. Algumas mulheres velhas temem que vão afundar-se no inferno e é preciso tranquilizá-las, colocando-se ao seu lado, mas enquanto saio lhes sobrevêm de novo o temor e se lhes afigura que eu era um demônio disfarçado. Assim é, que me porto com elas igual que com os pequenos as deixo aos cuidados de alguém.

Um novato na obra astral pode não saber que partido tomar em circunstâncias difíceis, mas pode bem, permanecer junto a uma anciã desencarnada, consolá-la e dar-lhe informações sobre sua nova vida.

Não tem mais senão continuar ali sem temor nem preocupação para infundir confiança e segurança ao desencarnado, pois se o protetor denota receio, contagiará o protegido.

Um considerável número de noviços atua cada noite sob as ordens de um protetor veterano. Suponhamos encontrar uma mulher em transe angustioso e eu lhe pergunto: *"O que aconteceu? O que podemos fazer em seu favor? Diga-me o que passa e a consolarei".*

Depois recomendo a um dos meus aprendizes que permaneça algum tempo ao lado da aflita e em seguida vou tratar de outro caso, que do mesmo modo, confio inteiramente a um noviço até ocupá-los. Antes de empregar o último noviço, já voltaram alguns dos primeiros, uma vez cumprida sua tarefa. Assim aprendem com o tempo a trabalhar por sua própria conta, tão logo tenham completa confiança em si mesmo e possam atuar como expertos protetores.

Outros desencarnados que se angustiam no plano astral, também podem receber muita ajuda, se as aceitam, assim como explicações e avisos referentes ao seu caminho, no transcurso das distintas etapas. Pode-se, por exemplo, preveni-los do perigo e atraso provenientes da espera de comunicação com os vivos pela ação de um médium e algumas vezes, ainda que raras, por uma identidade já introduzida num centro espírita se lhe pode guiar a mais alta e melhor vida.

Os ensinamentos, assim dados às pessoas neste plano, não são de modo algum inúteis, porque se bem que a memória delas não se conserva diretamente na próxima encarnação sempre perdura como conhecimento íntimo e, para tanto, como enérgica predisposição para aceitá-las imediatamente ao ouvi-las outra vez na nova vida.

Notável exemplo de auxílio prestado aos reencarnados, foi a primeira atuação de um noviço, que pouco tempo antes havia perdido sua avó, a quem muito amava. Sua primeira missão consistiu em ir à companhia de um protetor já experto, a visitá-la, com a esperança de prestar-lhe algum serviço.

Assim o fizeram e o encontro do vivente com a desencarnada foi muito comovedor. A vida astral da anciã aproximava-se do fim, mas retardava seu imediato progresso a condição de apatia, entorpecimento e incerteza em que se achava. Entretanto, quando o neto dissipou, com os raios do seu amor a densa nuvem de depressão que envolvia a avozinha, logo ela saiu do estupor e compreendeu que seu neto tinha vindo explicar-lhe a situação em que se encontrava e representar-lhe o esplendor da mais alta vida a que, desde então devia aspirar.

Convencida disso a anciã foi tão intenso o amor que sentiu renascer por seu jovem protetor que rompeu os últimos laços que a atavam à vida astral e a conduziu à consciência superior celestial.

Verdadeiramente não há poder no universo que supere o do puro e desinteressado amor.

XVII

A obra na guerra

Muitos têm perguntado se a obra dos protetores invisíveis podia prestar algum serviço em tempos de guerra. Com efeito, os protetores atuam nobremente em tão calamitosos tempos e durante a grande guerra foi de incalculável utilidade a sua assistência.

Naquele período, e com tal propósito, aumentou o número de protetores, muitos que não pertencem aos círculos teosóficos, ofereceram espontaneamente seus serviços, ainda que jamais tivessem pensado na possibilidade de realizar semelhante obra.

Extraordinárias, em vários conceitos, foram as condições estabelecidas pela guerra mundial, pois milhares de homens, não só passavam de vez ao mundo astral, senão que estes homens eram jovens, fortes, robustos e pertenciam às raças mais cultas do mundo.

Quem morre de velhice, quase esgotou sua energia emocional e o que ainda resta é relativamente débil e fácil de dominar, pelo que, não conturba gravemente, mas o que morre na plenitude do seu vigor, são e robusto, tem suas emoções no ponto culminante e é capaz de sofrer e gozar com igual intensidade, pelo que, sua vida astral oferece distinto problema a resolver.

Em que condição se encontram os que morrem tão repentinamente? Alguns permanecem bastante tempo inconscientes do mundo que os rodeia, como consequência do reajuste do corpo astral a que já nos referimos.

As partículas mais grosseiras do corpo astral ficam na superfície, de modo que o ego só é capaz de receber e responder as vibrações sintonizadas com dita classe de matéria.

Quem observou em vida boa conduta não teve que utilizar matéria astral grosseira, pois as nobres emoções de amor, compaixão, simpatia, devoção e patriotismo requerem partículas delicadas, enquanto que as emoções de sensualidade, sinistras, ódio, inveja e cólera utilizam as partículas grosseiras.

O homem ao morrer, não muda repentinamente de condição, mas recebe vibrações com as quais não estava habituado, nem como queira, só pode receber as congruentes com a superfície do seu corpo astral, fica, em consequência, recluso naquele envoltório de matéria densa e vive numa espécie de sonho rosado, inconsciente do que acontece ao redor, até que pouco a pouco vão se eliminando as partículas grosseiras e uma vez eliminadas, o ego desperta do seu sono num sub-plano superior do mundo astral.

Outros não experimentam mais do que uma momentânea inconsciência ao receber o choque do projétil que mata seu corpo físico e muito posteriormente se encontram muito melhor e mais ligeiros do que antes, ao se verem livres do peso do corpo físico e da pressão atmosférica que gravita num cômputo de cerca de duas toneladas sobre todo o corpo.

Como queira que a pressão atmosférica se exerça em todos os sentidos, não temos consciência disso enquanto estamos no mundo físico, mas, ao passar ao astral, sentimos a grande diferença do seu peso.

Muitos dos que se encontram nesta outra condição, imaginam que não morreram e não querem crê-lo quando lhes é dito isso. Outros fazem o gesto de agarrar o fuzil e ao ver que não podem, perguntará o porquê a um companheiro vivo, quem, como é natural, não vê, nem o ouve e tampouco logrará sua intenção de tocar em qualquer amigo ou conhecido do plano físico! (cabe intercalar neste ponto o reparo de que se o recém-desencarnado vê o fuzil e os combatentes ainda vivos, como não deixa de ver o cadáver do seu próprio corpo físico, cuja presença bastaria para dissipar toda dúvida a respeito de sua situação?). Assim é que dirá ao protetor: "Me dê certeza de que *estou morto porque me sinto mais vivo do que há dez minutos*".

Às vezes se empenha em seguir lutando e é necessário explicar-lhe sua nova situação para tranquilizá-lo. Quando, por fim, reconhece seu atual estado, mostra-se profundamente interessado ao saber que se deparam ante ele toda sorte de novas oportunidades, se ele desejasse, poderia até ir às linhas inimigas sem ser visto com único desejo de comunicar suas observações, ainda que raríssimas vezes é possível lográ-lo, porque teria que sugerir essa ideia na mente de algum companheiro, que não faria muito caso pois acreditaria ser uma alucinação. Alguns sentiam viva ansiedade pela sorte de sua família e outros desejavam aprender tudo o possível a respeito das novas condições em que se encontravam.

A tarefa do protetor invisível consiste e satisfazer todas estas demandas e a mais frequente é de ensino e instrução, assim é que costumamos representar-lhes as doutrinas filosóficas, não com intenção de impor-lhes nossas crenças, senão porque são as únicas capazes de explicar-lhes satisfatoriamente a condição em que se encontram.

Uma vez explicado o assunto, muitos combatentes desencarnados estiveram com disposição para realizar seu anelo de fazer tudo quanto estava ao seu alcance em favor dos seus companheiros no astral ou no plano físico, de modo que suas atividades foram muito diversas e úteis.

Não posso descrever aqui as múltiplas empresas, me limitaria a expor alguns exemplos relacionados com a guerra por alguns membros jovens da corte de protetores invisíveis, cujos fatos já referimos.

O menino Cirilo do século passado que interveio no caso do incêndio e dos irmãos, viveu durante a grande guerra oficial do exército inglês e por duas vezes ficou gravemente ferido e no fim, prisioneiro num campo de concentração da Alemanha, pôde ser libertado devido a uma troca de prisioneiros.

Um jovem noviço da última promoção, entusiasta admirador de Cirilo, adotou o mesmo pseudônimo e deste, segundo Cirilo vou narrar algumas façanhas.

História de Úrsula

No transcurso de nossa obra de protetores invisíveis no campo de batalha, encontramos um capitão recém-transferido ao mundo astral, a quem chamaremos Haroldo.

Rapidamente assimilou quantos ensinamentos lhe deram com respeito à nova vida em que se encontrava e não tardou em sentir-se tranquilo e feliz, exceto num ponto que não se soltava da sua mente. Haroldo era o primogênito da família e tinha um irmão dois anos mais novo.

Os dois irmãos davam-se muito bem, queriam-se muito bem e ainda que ambos se enamorassem de uma mesma jovem, nem por isso se enfraqueceu o afeto fraterno.

Haroldo tornou-se noivo de Úrsula antes da guerra e ainda que seu irmão, Juliano, também a amasse, soube reprimir seus sentimentos por lealdade a Haroldo.

Ao estourar a guerra, os dois irmãos alistaram-se, mas Julian teve a desgraça de ficar gravemente ferido e inútil para o serviço num dos primeiros combates, motivo que o levou para casa e passou a ter a constante companhia de Úrsula, a quem amava mais do que nunca. Logo reconheceu a jovem, os sentimentos que animavam Julian e com grande consternação de sua parte notou que seus sentimentos também se inclinavam para Juliano. Nem uma palavra de amor se cruzou entre os dois jovens, envergonhados por sua paixão que consideravam uma felonia contra o ausente, que nada suspeitava de tais sentimentos.

Conforme passava o tempo, crescia a preocupação de Juliano e Úrsula. Entretanto, Haroldo, nas breves visitas que efetuava a sua casa, pelas licenças temporárias, pressentia que algo sucedia, sem atinar com a verdade.

Nesta situação Haroldo encontrou a morte, justamente no momento em que conduzia suas tropas à vitória. O jovem soube resignar-se filosoficamente com sua sorte, sem outro pesar que o que supunha sentirem Juliano e Úrsula por sua perda.

Com o propósito de mitigar-lhes o sofrimento, fazia planos quase constantemente sobre eles e com a aguda intuição própria do mundo astral, não tardou em descobrir o afeto existente entre ambos. Desde logo viu neste afeto, uma esperança de alívio e consolo para eles e ardentemente tratou de fomentá-lo, mas a preocupação que os embargava, também os movia a interpretar erroneamente o bem intencionado propósito que lhes transmitia a influência de Haroldo.

As frequentes visitas astrais de Haroldo impressionavam a mente e o ânimo de Juliano e Úrsula e quanto mais insistentemente procurava infundir-lhes sua imagem, tanto mais se envergonhavam do que lhes parecia deslealdade à memória do morto e mais firmemente se empenhavam em resistir a toda tentação.

Úrsula fez voto de permanecer solteira toda a vida em memória daquele que lhe foi prometido. Haroldo sofria pela inexplicável repugnância que aqueles, aos quais tanto amava, mostravam em aceitar a solução para suas dificuldades o que ele tão ardentemente desejava.

O jovem Cirilo, a quem se lhe encomendou este caso, não demorou em compreender que enquanto não se resolvesse o assunto que tão preocupado o mantinha, não era possível que Haroldo concentrasse toda sua atenção na vida astral e assim acompanhou-o ao seu solar, com o objetivo de tentar fazer algo para definir a situação. Encontraram Juliano e Úrsula que alegres passeavam por um bosque, mas sentindo-se culpados.

Cirilo tentou com todas as suas forças sugerir-lhes a verdade do caso, mas não logrou quebrantar suas mal adquiridas convicções, pois ainda que notassem a insistente sugestão de que Haroldo aprovaria seu enlace, consideravam-na como ilusão nascida do seu desejo ilícito.

O jovem protetor desesperado recorreu a um veterano, cujos esforços também foram vãos, até que finalmente disse: *"Vejo que todo esforço será inútil, a menos que lhe falemos cara a cara. Se quiser materializar-me, espero convencê-los".*

O veterano protetor consentiu e em poucos minutos, um galhardo e vivaz jovenzinho apresentou-se ao casal, dizendo-lhes: *"Trago uma mensagem de Haroldo, que deseja que se casem e sejam felizes e lhes envia seu amor e bênção".*

Não dá para imaginar o quão estupefatos ficaram os dois jovens que nunca se haviam declarado seu amor, nem o haviam deixado transparecer para ninguém. Ficaram deslumbrados com a noticia, impossível ressentirem no mais recôndito dos seus sentimentos, aquela intrusão de um garoto desconhecido.

Depois de um momento, Úrsula balbuciou com voz entrecortada: *"Quem é você? Que quer dizer que vens da parte de Haroldo? Não sabes que Haroldo morreu?"* O jovem replicou: *"Sou Cirilo, mas não se trata de mim, nem a tempo de dar explicações. Compreendam o que lhes digo e façam o que deseja Haroldo".*

Então, como sabia que a materialização só é válida em casos de absoluta necessidade, explicou-lhes rapidamente que a morte não existe e que Haroldo estava ali junto deles naquele momento, tão plenamente como nunca, consciente do amor que com tanto sigilo haviam ocultado e que o aprovava sem reservas, anelante de que fossem felizes.

Juliano exclamou: *"Úrsula! creio por minha alma como isso é verdade. Sinto-o. Pressinto-o".* Úrsula replicou rompendo sua reserva tão zelosamente guardada: *"Òh, sim, poderia acreditar. Mas como ter segurança? Dizes que Haroldo está aqui* (dirigindo-se a Cirilo), *pois bem, mostre-o a mim por um momento, que o diga ele e eu crerei*". Cirilo perguntou a seu instrutor se aquilo era possível e ao responder-lhe que sim, apareceu o espectro de Haroldo sorridente e tomando a mão de Úrsula, enlaçou-a suavemente com a do seu espantado irmão. Então levantou Haroldo a mão na atitude de um sacerdote quando abençoou e como veio-lhe o repentino pensamento de que debaixo da sua túnica havia um crucifixo de ouro que tirou para entregá-lo a Úrsula, mas antes que a jovem o pudesse pegar, a aparição desvaneceu-se.

Cirilo perguntou a seu instrutor se seria possível recobrar o crucifixo. O instrutor ausentou-se por breves momentos, voltando depois com o crucifixo que pôs na mão de Cirilo que o entregou a Úrsula, dizendo: *"Olha, aqui está o crucifixo que Haroldo queria oferecer-lhe"*. Os amantes permaneciam com as mãos entrelaçadas, prorrompendo em exclamações de pavorosa admiração.

Ao tomar, Úrsula o crucifixo, exclamou: *"Pelo menos isso demonstra que não é um sonho, porque este é o crucifixo que dei a Haroldo, quando partiu para a guerra aqui estão gravadas suas iniciais"*. Juliano recuperou-se instantaneamente e tomando a mão de Cirilo, disse-lhe: *"Não sabemos como te agradecer. Não sei quem és, nem compreendo o mínimo de tudo isso, mas nos prestaste um serviço que não é possível pagar com nada. Posso demonstrar-te minha gratidão?* Neste instante, Úrsula adiantou-se com intenção de beijar Cirilo que se desmaterializou com a rapidez do raio, de modo que os braços de Úrsula cortaram o ar.

Sem dúvida, a jovem ficou tão surpresa como desalentada, mas Juliano achou meio de consolá-la e provavelmente no futuro passariam muitas horas a comentar a maravilhosa experiência que viveram.

Juliano sentiu profundamente não ter tido ocasião de agradecer ao jovem o que havia feito por eles e manifestou o desejo vivo de que se Deus lhes desse sucessão, seu primogênito se chamaria Cirilo em memória daquele dia, com que assentiu Úrsula.

Era natural que tão admirável acontecimento, despertasse na jovem um intenso interesse pelas condições de vida de além-túmulo e dos fenômenos psíquicos em geral.

Quando, no dia seguinte se lhe aproximou Cirilo astralmente, acreditou ver naquela predisposição, conjuntura muito favorável para prestar bom serviço e enquanto ela passeava pelo bosque sem mais companhia que a de um corpulento cachorro, obteve permissão para aparecer materializado durante alguns minutos para insinuar-lhe o título de algumas obras teosóficas que logo adquiriu.

Muito se alegrou Úrsula de voltar a ver Cirilo, ainda que este se mantivesse a respeitosa distância é digna de destacar que o cão tenha-se mostrado de início, surpreendido e receoso, denotou em seguida, o prazer que lhe causava a presença do jovem.

O Testamento do Oficial

Poucos dias depois, informou-me Cirilo de outro caso interessante.

Havia encontrado um oficial recém-falecido, muito cauteloso acerca de como havia disposto de seus bens no testamento.

Sua mãe o havia pressionado durante longo tempo para que se casasse com uma jovem de considerável fortuna, por quem não sentia nenhum afeto e alegrou-se de ter que ingressar nas fileiras para cumprir o serviço militar, deste modo afastando-se de uma decisão que o repugnava.

O oficial caiu gravemente ferido e durante sua recuperação, enamorou-se de uma enfermeira francesa, com quem contraiu matrimônio de acordo com as leis da França, sem participar a sua mãe da notícia da boda, por receio de suscitar sua cólera ao ver frustrado seu projeto, assim como pelo tanto que lhe repugnavam os estrangeiros. Acreditou mais oportuno tratar do assunto quando acabasse a guerra e regressasse a casa com a esposa.

Tinha esperança que durante esse tempo viesse um filho cuja presença acalmaria sua mãe. Mas a morte havia transtornado todos os seus planos, pois ao tentar salvar a vida de outro soldado, ambos ficaram mortalmente feridos, longe do grupo e sem ambulâncias.

O oficial moribundo fez um supremo esforço para redigir seu testamento, mas duvidava de que fosse este encontrado depois da sua morte e ainda, em caso de encontrá-lo, se caísse em boas mãos e se tivesse força legal. Por sorte trazia consigo uma esferográfica, sem outro papel senão a última carta recebida da sua esposa com o último espaço em branco, onde escreveu o testamento tão rapidamente como pôde, pois sabia que ia morrer logo.

Ainda que com muita fadiga e frágil pulso, logrou estampar sua última vontade, especificando que todos os seus bens passariam a ser propriedade da sua esposa, cujo endereço dava e aquele que encontrasse o documento deveria entregá-lo ao advogado do testamenteiro em Londres.

Uma vez assinado, suplicou ao também moribundo combatente que jazia ao seu lado, que firmasse como testemunha. Ao tentá-lo, se lhe caiu a caneta da mão, apenas havia escrito três letras. Naquele instante exalaram ambos o último alento. Nós o tranquilizamos, dizendo-lhe que seguramente os que sepultassem os cadáveres, encontrariam o testamento e cumpririam suas instruções, mas ele se mostrou em dúvida, replicando que em primeiro lugar o lugar onde havia morrido estava muito longe e ninguém passaria por ali, pois a linha de combate havia retrocedido muitos quilômetros; em segundo lugar, receava que a chuva manchasse o escrito, já manchado de sangue e por último ainda que no caso de encontrar o testamento e que fosse legível, pudessem entregá-lo a sua mãe em vez de ao advogado. Sua única esperança era que o filho, que a esposa ia dar à luz, demonstrasse quando homem, a legitimidade de seu nascimento e se lhe reconhecesse o direito à propriedade dos imóveis descritos no seu testamento. Acreditava que em tais circunstâncias bastava um testamento holográfico, sem testemunhas.

Descobrimos que ali perto se encontrava um velho amigo, que havia sido condiscípulo do desencarnado e depois de inúteis tentativas para sugerir-lhe a ideia, pois se mostrou impermeável á nossa influência, foi necessário materializar Cirilo.

Surgiram várias dificuldades, mas foram vencidas umas após outras, acabamos por conseguir que o amigo fosse ao lugar onde jazia o corpo do oficial e entregara o testamento ao advogado.

O oficial ficou tranquilo e agora não lhe cabe mais dúvidas de que se cumpriu sua última vontade.

Alguns casos menores

Nossos novos protetores foram às vezes capazes de atuar diretamente por si mesmos no plano físico. Assim vemos que quando os habitantes das comarcas invadidas pelos alemães na grande guerra fugiam dos invasores que entravam a sangue e fogo.

Nossos noviços conduziram quatro fugitivos a uma caverna que se abria às margens de um rio, onde se ocultaram até passado o perigo e então regressaram a sua aldeia e cooperaram na extinção do incêndio de uma das casas.

Naquela noite dormiram ali e pela manhã encaminharam-se para a aldeia vizinha, livre do estrago. Poucos dias depois Cirilo salvou a vida de um menino e uma menina, únicos sobreviventes de uma aldeia assolada pelo inimigo, pois haviam conseguido esconder-se.

Já afastadas as tropas, tentaram escapar sem ser vistos, ocultando-se entre as casas, mas um destacamento que manobrava por ali lhes interceptou o passo. Quando Cirilo os viu, estavam de novo escondidos numa cova, entre uns matagais onde caiam incessantemente os projéteis inimigos.

A grota resguardava as crianças, mas os alemães estavam num bosque muito próximo e havia risco de que, ao avançar, matassem as crianças.

Durante um longo período de tempo rugiu sobre suas cabeças o fragor da batalha. Uma vez desalojados do bosque os alemães, o combate deslocou-se ao redor da grota e prosseguiu toda a noite, de modo que as crianças não ousavam mover-se.

O frio aumentava; há dois dias que estavam sem comer nada. O menino havia-se despojado de suas roupas para abrigar sua irmãzinha. Os dois estavam quase extenuados, ainda que ao menos, ela não tinha frio. Nesta situação os viu Cirilo, que se materializou para protegê-los, mas eles não o entenderam, senão os atemorizou porque não podia imaginar quem era, nem com havia chegado até ali.

Cirilo então resolveu chamar seu instrutor que se apresentou diante deles, dizendo-lhes que não lhes causariam dano algum. Cirilo reanimou o menino e quando já estava recuperado, deu-lhe um pedaço de pão e queijo que encontrou na mochila de um soldado morto.

Apesar do seu estado, o menino quis que sua irmãzinha comesse primeiro, mas afortunadamente Cirilo encontrou outras provisões nas mochilas dos mortos, de modo que sobraram alimentos. Quando já estavam satisfeitos, Cirilo tirou-os fora do buraco e como não sabia qual caminho era mais seguro, Cirilo remontou aos ares para observar o campo de batalha e estudar as probabilidades de salvamento, e uma vez calculados, Cirilo conduziu-os à retaguarda da linha de fogo, onde encontraram um destacamento francês que os pôs aos cuidados da enfermeira no hospital de campanha. Ali, felizmente encontraram cama acolhedora e uma família caritativa adotou-os ao saber que seus pais teriam morrido nas mãos do inimigo.

Noutra ocasião uma menina tinha que passar por uma ponte muito longa para receber provisões para alimentar sua mãe e irmãos meio mortos de fome. Por toda parte havia tropas e era muito arriscada a passagem por aquela ponte, mas como era indispensável atravessá-la para socorrer seus familiares, enfrentou o perigo. Não obstante, ao chegar à metade da ponte, uma multidão de soldados inimigos derrotados irrompeu em desenfreada correria, perseguidos pelos vencedores que disparavam contra eles. Uns atropelavam outros e alguns caíam arrastados pela correnteza por cima da mureta.

A pobre menina não tinha nenhuma possibilidade de escapar e estava em iminente perigo de que a derrubassem e a pisoteassem os espavoridos fugitivos.

Cirilo materializou-se e instantaneamente pôs a menina entre os suportes da ponte do outro lado da mureta. Ali ficou segura até que passado o tropel dos fugitivos, conseguiu subir pela mureta e pôde prosseguir seu caminho e concluir, sem maior dificuldade seu misericordioso propósito.

Cirilo não demorou em descobrir outro tipo de atuação serviçal. A tarefa consistia em salvar barcos de minas flutuantes, influindo na mente do timoneiro.

No corpo astral podia Cirilo distinguir as minas sem dificuldade e várias vezes logrou induzir os timoneiros a evitar o perigo.

No início tratou de induzir na mente do timoneiro a ideia de que havia uma mina colocada bem no rumo do barco, mas não foi possível consegui-lo. Então pensou que o melhor seria induzir-lhe a ideia de virar o rumo ao chegar perto da mina e afastá-lo, de uma vez do perigo.

Nesta intenção teve êxito. O timoneiro desviou o rumo inconscientemente, como se estivesse dormindo e sem perceber o cambio. Passado o perigo percebeu que havia ficado adormecido por um breve instante e ficou assustado ao ver que havia desviado o rumo do barco e, imediatamente voltou a normalizá-lo.

Em certa ocasião, o oficial de guarda sentiu o câmbio de rumo e repreendeu asperamente o timoneiro que, confuso, o retificou, mas afortunadamente já havia passado o perigo.

O sucesso de Cirilo nesta tarefa foi muito significativo, pois não é fácil induzir um experimentado timoneiro a que altere o rumo que lhe sinalou o piloto.

Noutra oportunidade, a Cirilo não foi possível evitar que o timoneiro alterasse o rumo e como o perigo era iminente, materializou-se uma mão para mover a roda.

O timoneiro, ao ver a mão, fugiu enlouquecido de terror, contudo Cirilo afastou o barco da mina. Passado o perigo e a confusão produzida pelo arrebatamento inexplicável do timoneiro. O oficial da guarda encarregou-se de tomar conta do timão.

Todos acreditavam que o timoneiro estava embriagado ou que sonhava e brincaram pela atitude dele, por mais que assegurasse formalmente ter visto uma mão branca que segurava a roda e a movia com vigorosa pressão. Aquela foi uma curiosa história de fantasmas, o que os marinheiros tendem a crer em qualquer coisa que lhes pareça sobrenatural.

Ethan

Outro caso foi do menino Ethan, cujo pai morreu nos primeiros combates da guerra e sua mãe havia falecido quando ainda era muito pequeno. Crescendo ao lado do seu pai, demonstrando intenso amor mais do que como pai e filho, tratavam-se como sendo dois amigos.

Ethan sentia profundo afeto por seu pai, apesar de que o repreendia severamente quando era preciso.

Ethan compreendia sempre o que seu pai lhe ensinava e ambos tratavam às vezes, de assuntos que não costumam ser comuns em crianças de oito anos. Existia entre os dois tão viva simpatia que não necessitavam falar para saber o que pensavam um do outro.

Quando o pai foi à guerra, deixou Ethan aos cuidados de um primo seu mais velho do que ele, de caráter brincalhão, voz rouca, com numerosa e turbulenta prole. Esta família comportava-se muito carinhosamente com Ethan, a pesar de não o entendê-lo em nada.

Quando perdeu o pai, sentiram profundamente sua morte, com viva ainda que grosseira comiseração. Ethan não foi de modo algum, o órfão desprezado da novela, pois seus parentes fizeram todo possível para consolá-lo e tiveram muito trabalho em assegurar-lhe a herança do pai. Ethan agradeceu a boa intenção dos seus parentes, mas sentia muita falta do pai. Mesmo os parentes fazendo de tudo não conseguiam consolá-lo da sua ausência, e isso ia enfraquecendo visivelmente a atitude de seus parentes que não sabiam mais o que fazer.

Desde a sua morte, o pai ansiosamente traçava planos desde o mundo astral em torno do seu filho, que a cada noite, ao deixar seu corpo físico, reunia-se com seu pai como em outros tempos e seus reencontros eram muito felizes. Não obstante, ao despertar na manhã seguinte, não lembrava claramente o que havia acontecido durante a noite anterior, ainda que sempre pressentisse algo admirável e formoso, pelo que, cada manhã, tinha um breve momento de felicidade, para depois sumir-se em desolação e tristeza.

Ao tratar de proteger o pai, a atenção de Cirilo fixou-se naquele episódio da tragédia, de modo que intensificada sua simpatia por Ethan, determinou fazer todo o possível para salvá-lo da funesta melancolia que minava sua vitalidade.

Decidiu que era necessário fazê-lo recordar em consciência vigílica sua noturna experiência astral, mas todas as tentativas neste sentido foram vãs, pois como não tinha a menor ideia disso, sua mente estava fechada a qualquer possibilidade. Não obstante, na vida astral, Cirilo soube conquistar a confiança de Ethan e chegaram a ser ótimos amigos, mas não conseguia infundir suas instruções no cérebro físico, até que, por fim, recorreu ao heroico remédio da materialização.

Certa manhã, ao despertar, Ethan viu ao seu lado fisicamente Cirilo que lhe disse: *"Não me reconheces? Não estás lembrado que há um momento eu segurava sua mão e a outra, o teu pai?"* Ethan respondeu: *"Sim, sim"*, exclamou Ethan vivamente excitado. *"Mas onde está meu pai?"* Perguntou ansioso Ethan – *"Ainda está segurando sua mão, mas não podes vê-lo com estes olhos. Posso fazer você me veja durante um breve tempo, mas não posso fazer que vejas a ele, ainda que, sintas o contacto da sua mão"*. *"Sinto-o!"* – disse Ethan. *"Conheceria sua mão entre todas as do mundo"*.

Quando se estabeleceu mais clara relação, Ethan foi capaz de recordar tudo quanto seu pai lhe havia dito.

No dia seguinte, Cirilo conseguiu fazê-lo recordar a experiência da noite anterior sem necessidade de materializar-se.

A cada manhã era mais clara e completa a recordação de Ethan. Cirilo apressava-se em ensinar Teosofia ao pai e ao filho.

Ethan está muito feliz e rapidamente recobrou a saúde do seu corpo físico, ainda que seus parentes não compreendam a causa do restabelecimento como não compreenderam a da sua enfermidade e Ethan nunca poderá explicá-las.

XVIII

Outros aspectos da tarefa

Ao explicar nossa consideração da obra realizada pelos protetores entre os mortos e convertendo-a ao que cumprem entre os vivos, indicaremos sucintamente alguns dos seus aspectos, sem cujo conhecimento ficaria incompleto o estudo das tarefas dos nossos protetores invisíveis. Tarefas estas que a maior parte das vezes são sugestões de bons pensamentos nas mentes dos que estão predispostos a recebê-las. Expliquemos o que significa isso, para não dar motivo a erro.

Para um protetor seria perfeitamente fácil (até um grau incrível para os que praticamente não compreendem o assunto) dominar o intelecto de qualquer homem comum e fazê-lo pensar o que eles desejem sem infundir a mais leve suspeita de influência estranha. Por admirável que fosse o resultado, é inadmissível semelhante procedimento, portanto tudo o que se faz é infundir o bom pensamento na mente do sujeito, como um entre os muitos que constantemente fervilham seu cérebro.

Do homem depende exclusivamente acolher o pensamento, apropriar-se dele e operar em conformidade com ele. Se ocorresse de outro modo, é evidente que seria toda a bondade cármica da ação correspondente unicamente ao protetor, pois o sujeito teria sido simplesmente um instrumento e não um agente, que não é o que se deseja.

A proteção dispensada deste modo tem vários caracteres. O consolo dos aflitos e sofredores entranha o esforço de conduzir à verdade os que a buscam ardentemente.

Quando um homem medita ansiosamente sobre um problema espiritual ou metafísico, é possível inspirar-lhe a solução sem que ele perceba que vem de agentes exteriores.

Um discípulo pode ser empregado, com frequência, como agente que, dificilmente receberia outro nome senão uma resposta a uma reza. Porque qualquer ardente desejo espiritual que possamos imaginar que encontre sua expressão na súplica, é por si mesmo, uma força que automaticamente produz resultados. Também é verdade que semelhante esforço espiritual oferece à influência do Poder de Deus, da qual não deixa de ser vantajosa.

Algumas vezes a vontade de um protetor abre o canal por onde sua energia pode derramar-se. O que dissemos da súplica pode aplicar-se também às prolongadas meditações dos que são capazes de sustentá-las.

Além deste generalizado procedimento de proteção, há outros especiais que poucos recebem. De vez em quando, alguns protetores especializados têm sido destinados a sugerir verdadeiras e formosas ideias a: escritores, poetas, artistas e músicos, mas como facilmente se compreenderá, os protetores servem para este objetivo peculiar.

Algumas vezes, ainda que raramente é possível advertir um homem do perigo que para seu progresso moral entranha o caminho que segue, ou melhor, apartá-lo das maléficas influências de tal lugar ou pessoa, ou também esconjurar as maquinações da magia negra.

Não é frequente, que as pessoas estranhas ao círculo dos estudantes de ocultismo, recebam instruções diretas acerca das grandes verdades da natureza; mas em ocasiões pode fazer-se algo neste sentido, representando ante a mente dos oradores e mestres um amplo caudal de ideias ou um, mais aberto, ponto de vista sobre alguma questão que tivessem tratado de maneia distinta.

Há outra aplicação importante desse método de sugestão mental, ainda que por sua índole só esteja ao alcance dos mais adiantados indivíduos da corte dos protetores.

Assim como qualquer pessoa pode ajudar no mundo físico em suas dificuldades pessoais e dar conselho e consolo em questões que só afetam o curto número dos seus amigos e parentes, assim também é possível sugerir respeitosamente algumas ideias aos que tem poder, autoridade e responsabilidade nos mundos da política e da religião, como a reis e ministros, aos prelados e dignitários das igrejas, aos sábios e eruditos em ciência mundana cujas palavras podem influenciar milhares de pessoas.

Se estas sugestões se aceitam e se concretizam em atos, podem chegar a beneficiar nações inteiras e contribuir positivamente no progresso do mundo. Convém recordar que depois da barafunda de cobiça e o egoísmo que parece dominar onde quer que seja, atua a ordenada evolução de uma potente hierarquia de insignes adeptos que constituem o governo interno do mundo, sob a chefia do Supremo Iniciador, do rei espiritual que representa na Terra o Logos do nosso sistema solar.

Lenta, muito lentamente dirige sua omnisciência o irresistível fluxo da incessante evolução, ainda que suas particulares ondas se levantem e caiam, avancem e retrocedam para logo avançar com renovado ímpeto até que se cumpra o plano divino e a terra transborde da glória de Deus como as águas cobrem o mar.

Guiada por esta hierarquia leva sua obra à corte de protetores e quando um estudante de ocultismo adianta no caminho entra numa ampla esfera de atividade. Em vez de proteger unicamente os indivíduos, aprende como pode auxiliar classes, nações e raças inteiras e se vê estimulado por uma gradual e crescente participação nas elevadas e mais importantes tarefas dos Adeptos. Conforme adquire a força necessária e os conhecimentos exigidos, começa a tratar das potentes forças do akasa e da luz astral e se lhe ensina a fazer o melhor uso possível de cada influência cíclica favorável. Se se põe em relação com aqueles grandes Nirmánakáyas simbolizados algumas vezes como Pedras do Muro Protetor e chega a ser (muito modestamente no começo) da corte de seus auxiliares e aprende como estão dispersas aquelas forças que são o fruto do seu sacrifício sublime, se eleva gradualmente a mais e mais excelsas alturas, até que, florescendo por fim no Adepto, é capaz de assumir toda a sua parte na responsabilidade que incumbe aos Mestres de Sabedoria e auxiliar a outros no caminho que ele percorre.

No plano devakânico a tarefa é algo diferente, uma vez que os ensinamentos podem dar-se e receber-se de modo muito mais rápido, direto e completo, pela razão de que as influências postas em movimento são infinitamente mais poderosas por atuarem em nível muito mais elevado. Mas também ali (ainda que seja inútil entrar agora em pormenores sobre isso, por serem tão poucos entre nós, os capazes de atuar conscientemente nesse plano durante a vida) e mias acima, há sempre abundantes tarefas a serem realizadas sempre que sejamos capazes de realizá-las e certamente não há temor algum que, por inumeráveis razoes que existam, nos encontremos sem um caminho aberto diante de nós.

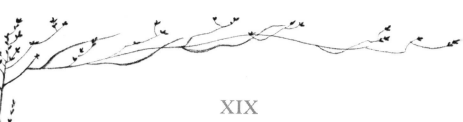

XIX

Qualidades necessárias

"*De que maneira?*" – perguntará alguém – "*podemos tornar-nos capazes de participar desta grande obra?*"

Não há nenhum mistério a respeito das qualidades que há de reunir aquele que aspire a pertencer à legião dos protetores, porém a dificuldade não está em saber quais são essas qualidades, senão em poder desenvolvê-las em si mesmo. Já as descrevemos incidentalmente com alguma extensão; mas convém estabelecê-las categoricamente, a saber:

1ª Simplicidade mental

O primeiro requisito é o de reconhecer quão grande é a tarefa que os Mestres hão de encarregar-nos e que há de ser para nós a preferida ocupação de nossas vidas.

Devemos aprender a distinguir não só entre as tarefas úteis e as inúteis, mas também a ordem das tarefas mais proveitosas a fim de que cada qual se dedique a mais elevada que seja capaz.

O homem que aspire a considerar-se candidato para empregos nos mais altos planos há de começar por fazer, no mundo terrestre, o quanto possa no que se refere a tarefas definidas pela Teosofia. É claro que isso não significa que devamos omitir os deveres comuns da vida. Faremos muito bem em não contrair novos deveres mundanos de qualquer classe, mas não temos direito de não atender àqueles que estamos sujeitos por obrigação cármica.

A menos que não tenhamos cumprido plenamente todos os deveres que o karma pôs sobre nós, não ficaremos livres para empreender a elevada tarefa que, não obstante, deve ser para nós o único objetivo realmente digno da vida e a constante transformação de uma existência consagrada ao serviço dos Mestres de Compaixão.

2ª. Perfeito domínio de si mesmo

Antes que se nos possam confiar com segurança os amplos poderes da vida astral, devemos ter domínio perfeito de nós mesmos.

Havemos de dominar completamente nosso temperamento de modo que nada do que vemos ou ouvimos possa encolerizar-nos, porque as consequências de semelhante cólera seriam muito mais graves naquele plano do que no físico.

A força do pensamento é sempre, enorme, mas aqui, no plano terreno, fica reduzida e amortecida pelas pesadas partículas cerebrais que põe em movimento. No mundo astral esta força é mais livre e poderosa e se ali um homem tivesse plena faculdade para sentir cólera contra outro seria grave para ele e de imensurável dano. Não apenas necessitamos dominar o caráter, mas também os nervos, a fim de que nenhuma das fantásticas ou terríveis visões com que encontremos, sejam capazes de quebrar nosso intrépido valor.

Devemos lembrar que o discípulo que se desperta para um homem no plano astral, assume, pelo mesmo, certa quantia de responsabilidade por suas ações e por sua segurança, de modo que, a não ser que seu neófito tenha o valor de estar só, o discípulo haverá de empregar a maior parte do tempo em acompanhá-lo e protegê-lo, o que poderia ser manifestamente inconveniente.

A fim de assegurar este domínio sobre os nervos e conhecer-se se é idôneo para o trabalho que se lhe há de confiar, o candidato é submetido, assim em nossos dias como antigamente, a sofrer as provas da terra, da água, do ar e do fogo. Em outros termos: o discípulo há de saber com absoluta certeza que não chega com teorias, senão com prática experiência e que em seu corpo astral nenhum daqueles elementos físicos poderá afetá-lo nem ser obstáculo para seu passo; que nada pode obstruir-lhe o caminho das tarefas que há de empreender.

No corpo físico estamos plenamente convencidos de que o fogo pode queimar-nos e a água afogar-nos; que as montanhas e rochas como corpos sólidos, constituem infranqueável valia para nosso avanço e que não podemos lançar-nos na atmosfera sem apoio.

Tão profundamente arraigada está em nós essa convicção, que para a maior parte dos homens custa-lhes enorme trabalho sobrepor-se à instintiva ação que dela se segue e experimentar que ao corpo astral, não o detêm em seu livre movimento os mais espessos muros; que podem se lançar impunemente desde as mais abrutas montanhas, sumir com a mais absoluta confiança nas entranhas dos mais impetuosos vulcões ou nos mais tenebrosos abismos do insondável oceano.

Assim, e até que um homem conheça isso o bastante para operar instintiva e confiadamente, será inútil para as tarefas astrais, pois as eventualidades que continuamente sobrevêm naquele plano o paralisariam perpetuamente com imaginárias impotências. Mas, depois de passar pelas provas e outras estranhas experiências enfrenta, com serena tranquilidade as mais aterradoras aparições e os ambientes mais repugnantes, demonstrando, com efeito, que não será traído pelos seus nervos, quaisquer que sejam as circunstâncias em que se encontre.

Por outro lado, necessitamos dominar a mente e o ânimo.

A mente, porque sem o poder de concentração seria impossível realizar um bom trabalho entre as zombeteiras correntes do plano astral.

O ânimo, porque naquele estranho mundo, desejar é quase sempre possuir e a menos que esteja bem regida esta parte da nossa natureza, poderíamos encontrar-nos, talvez, com criações do nosso desejo das quais nos envergonharíamos profundamente.

3ª Tranquilidade

Outra importante condição é a carência de qualquer espécie de desalento ou depressão de ânimo.

Grande parte das tarefas consiste em fortalecer os aflitos, em consolar os tristes; como poderá um protetor realizar esta obra se sua própria aura vibra em incessante conturbação ou abatimento ou está em trevas pela intensa melancolia originada do desalento? Nada é mais desesperadamente fatal para o progresso e a utilidade espiritual, do que o costume de aborrecer-nos, sem cessar, por bagatelas, a eterna mania de converter uma gota d'água em um oceano.

Muitos gastam nesciamente a vida em avultar as coisas mais absurdas insignificâncias lavrando penosamente sua própria miséria. Seguramente nós, os teósofos, devemos a todo custo ir mais além de semelhante estado de insano abatimento e fútil desânimo. Seguramente, nós que tratamos de adquirir conhecimento definitivo de ordem cósmica, devemos compreender definitivamente que a visão otimista de todas as coisas está sempre mais próxima do pensamento divino e, portanto da verdade, pois só o que é bom e formoso tem possibilidade de ser permanente, enquanto que o mal há de ser transitório por sua própria natureza. De fato, como disse Browning: "o mal é finito, vazio; é o silêncio que significa som, enquanto que muito além a alma das coisas é doce, o coração do Ser é descanso celestial».

Aqueles que sabem manter-se em imperturbável calma, combinam com a sua perfeita simpatia a gozosa serenidade que provém da certeza de que toda aspiração há de ficar no fim cumprida. E, aqueles que desejam ser protetores devem aprender a seguir seu exemplo. E aqueles que desejam ser protetores devem aprender a seguir seu exemplo.

4º Conhecimento

O homem para ser útil deve ter pelo menos algum conhecimento da natureza do plano em que há de atuar e será, portanto mais útil quem de uma ou de outra forma possua maiores conhecimentos.

Deve tornar-se apto para esta tarefa estudando cuidadosamente tudo quanto está escrito sobre o particular na bibliografia teosófica, pois não há de esperar que aqueles que já têm o conhecimento e o tempo totalmente ocupado percam seu tempo em explicar o que se pode aprender no plano físico sem outro trabalho senão ler livros.

Ninguém que não seja tão ardente estudante, como permita sua capacidade e ocasiões, há de supor-se candidato para as tarefas astrais.

5º Altruísmo

Parece desnecessário insistir nesta qualidade, porque seguramente quantos estudaram algo de Teosofia devem saber que, enquanto reste no homem a mais leve mancha de egoísmo, não será digno de que se lhe confiem poderes superiores nem estará em disposição de empreender uma obra cuja essência consiste em esquecer-se de si mesmo em benefício do próximo.

Quem, todavia, for capaz de criar pensamentos egoístas e cuja personalidade tenha vigor suficiente para desistir da obra por sentimentos de vaidade ou sugestões do amor próprio ferido, não estará disposto a transmitir a devoção altruísta do protetor.

6º Amor

É a última e a maior das qualidades e também a menos compreendida.

De um modo mais enfático não é o presunçoso e fácil sentimentalismo superficial que sempre flutua em vagas vulgaridades e em efervescentes generalidades, que mantém o homem discreto pelo medo de que o ignorante o acuse de falta de fraternidade. Temos que desejar aquele amor poderoso para não cair em jactância; o intenso desejo de ser útil, que sempre revigora conjunturas de prestar serviços, ainda que prefira fazê-lo anonimamente; o sentimento nascido no coração de quem conhece a grande obra do Logos e tendo-a vista uma vez, convence-se de que para ele não pode haver nos três mundos, outra aspiração que a de identificar-se com essa obra, no maior grau possível para chegar a ser, ainda que em modesta proporção e à grande distância, um pequeno canal daquele portentoso amor divino que, como a paz de Deus, excede à compreensão do homem. Estas são as qualidades que o protetor deve esforçar-se incessantemente em alcançar e que em grau suficiente deve reunir, antes que os Seres superiores o julguem apto para o completo despertar.

Sublime é na verdade o ideal, mas ninguém deve retroceder desencorajado, nem pensar que, enquanto forceje até ele, deva permanecer completamente inútil no plano astral, porque ainda isento das responsabilidades e dos perigos do pleno despertar, há muito a fazer segura e proveitosamente.

Dificilmente se encontrará entre nós quem não seja capaz de levar a cabo, cada noite, pelo menos uma definida ação de beneficência ou de boa vontade, de seu corpo, enquanto está fora. Nossa condição durante o sono é ordinariamente uma espécie de absorção em pensamento.

Recordemo-nos, uma continuação dos pensamentos que principalmente nos ocuparam durante o dia e mais em particular do último que ocupava nossa mente ao adormecer. Agora, se nosso último pensamento é a firme intenção de ir prestar auxílio a alguém cuja necessidade conhecemos, quando a alma estiver livre do corpo, realizará indubitavelmente aquela intenção e prestaremos o auxílio.

Houve vários casos em que ao efetuar este esforço, a pessoa a quem se dirigia, ficou plenamente consciente do anelo de querer auxiliá-la e ainda viu seu corpo astral no ato de executar as instruções nele impressas. Verdadeiramente ninguém há de entristecer-se pela ideia de que não possa ter participação nem emprego nesta gloriosa obra.

Quem acreditasse nisso, estaria completamente equivocado, porque todo aquele que pode pensar, pode auxiliar. Tampouco é necessário limitar tão proveitoso labor nas horas de sono. Se souberem (e quem não sabe?) de alguém que esteja aflito ou entristecido, ainda que não sejam capazes de estar conscientemente na forma astral, junto a sua cama, podem não obstante, enviar-lhe pensamentos amorosos e desejos ardentes de benevolência, com a completa segurança de que tais pensamentos e desejos são reais, vivos e fortes e pensem, que ao enviar-lhes, movem e agem sua vontade na proporção da força que tenham posto nisso.

Os pensamentos são coisas intensamente reais e visíveis aos olhos dos que os abriram para ver e por seu intermédio, o homem mais pobre consegue sua parcela nas boas obras do mundo, tão plenamente como o mais rico. Deste modo, portanto, quer sejamos ou não capazes de funcionar conscientemente no plano astral, podermos afiliar-nos e devemos todos afiliar-nos no exército de protetores invisíveis.

Mas o aspirante que resolutamente sonhe em chegar a ser da fraternidade de protetores astrais que trabalham sob a direção dos grandes Mestres da Sabedoria, fará da sua preparação, parte de um plano muito amplo de aperfeiçoamento.

Em vez de esforçar-se em ser apto só para este ramo particular do Seu serviço, tomará como determinação resoluta a tarefa sobressalente de seguir suas pegadas, de converter todas as energias da sua alma para conseguir o que eles alcançaram, a fim de que este poder de auxiliar o mundo não fique limitado ao plano astral, senão que se estenda aos mais altos níveis, que são a verdadeira morada do divino ser do homem.

Há muito tempo foi traçado o caminho pela sabedoria daqueles que noutra época o percorreram; um caminho de perfeição que mais cedo ou mais tarde devemos seguir, já o escolhamos agora de própria e libérrima vontade, já esperemos a que depois de muitas vidas e infinidade de sofrimentos, a lenta e irresistível força da evolução nos induza ao longo do caminho entre os retardados da família humana.

O homem prudente, porém, entra ansioso e sem demora no caminho, enfrentando a meta do Adaptado, a fim de que, liberando-se para sempre de qualquer dúvida, temor e tristeza, possa também ajudar outros na obtenção da confiança e da felicidade.

O que são as etapas deste Caminho de Santidade, como o chamam os budistas e em que ordem estão dispostas. Veremos no capítulo seguinte.

XX

O caminho probatório

Os livros orientais dizem que há quatro meios de atrair um homem ao começo do caminho do aperfeiçoamento espiritual:

1. Por compaixão dos que já entraram nele.
2. Por ouvir ou ler ensinamentos da filosofia oculta.
3. Por iluminada reflexão, isso é, que pela sustentada força de vigorosos pensamentos e claros raciocínios pode alcançar a verdade ou parte dela por si mesmo.
4. Pela prática da virtude, o que significa que uma série de existências virtuosas, sem necessidade de desenvolvimento intelectual, pode eventualmente desenvolver em um homem a intuição suficiente para sentir a necessidade de entrar no Caminho e ver a direção em que está traçado.

Quando, por qualquer destes meios, o homem chega a este ponto, tem diretamente diante de si o elevadíssimo Adaptado, com tal que queira escolhê-lo.

Ao escrever para os estudantes de ocultismo. É imprescindível dizer que em nosso grau atual de desenvolvimento não havemos de esperar conhecê-lo todo ou quase todo, senão tão somente os degraus inferiores deste caminho, pois os superiores, não conhecemos mais do que os nomes, ainda que ocasionalmente nos firam os fulgores da glória que os circunda.

Conforme os ensinamentos esotéricos, estes degraus estão agrupados em três divisões:

1º O período probatório antes do qual não se desvela os segredos, nem promessa nenhuma, nem se iniciam no verdadeiro sentido da palavra.

Ele conduz o homem ao nível necessário para passar com êxito através do que os livros de Teosofia chamam comumente de período crítico do quinto passo.

2º O período do discipulado efetivo, o caminho propriamente dito, cujas quatro etapas chamam-se nos livros orientais: os quatro caminhos da santidade. Ao seu término, o discípulo obtém o grau de Adaptado, ou seja, o nível que há de alcançar a humanidade no final do sétimo passo.

3º O período que nos atrevemos a chamar de oficial, em que o Adepto toma parte definitiva (sob a grande Lei cósmica) no governo do mundo e desempenha um cargo especial relacionado a ele.

Naturalmente que cada Adepto e ainda cada discípulo, uma vez admitidos definitivamente, conforme vimos nos primeiros capítulos, toma parte na grande obra de auxiliar a evolução progressiva do homem; mas aqueles que estão no mais alto nível, tomam a seu cargo ministérios especiais, analogamente aos do governo das monarquias bem organizadas.

144 ♦ OS PROTETORES INVISÍVEIS

Antes de entrar em pormenores acerca do período probatório, convém dizer que neste caso, é considerado esse degrau, como simplesmente preliminar e raramente como parte do caminho, apesar de todos os livros sagrados do Oriente, porque consideram que só se entra nele quando se dão provas definitivas.

Muita confusão ocasionou o fato de que o número de degraus comece ocasionalmente neste ponto, ainda que, mais frequentemente, no princípio da segunda grande divisão.

Às vezes se contam degraus, outras as iniciações condizentes para dentro ou fora deles, de modo que ao estudar os livros, o candidato há de estar constantemente de sobreaviso para não cair em erro. Não obstante, o caráter deste período probatório difere notavelmente dos outros. As divisões entre suas etapas não são tão precisas como nos grupos superiores e os requisitos não são tão definidos, nem tão rigorosos. Ma será fácil explicar este último ponto, depois de dar uma relação das cinco etapas deste período com seus respectivos requisitos.

As quatro primeiras foram habilmente descritas pelo senhor Mohini Mohun Chatterji no primeiro trabalho compilado pela Loja de Londres, a que remetemos o leitor para mais completas explicações das que podemos dar aqui. Uma valiosa interpretação deu-o também a senhora Besant em seus livros: O Caminho do Discipulado e No Recinto externo (Até o Templo). O nome das etapas diferirá em algo, porque nos referidos livros domina a terminologia indosânscrita, enquanto que a nomenclatura pali, que empregamos aqui, é a do sistema budista: mas ainda que a matéria e nos alcance de outro aspecto, os requisitos serão exatamente os mesmos por mais que varie a forma externa. Entre parênteses poremos a equivalência léxica de cada palavra e em seguida a explicação dada frequentemente pelo Mestre:

1. *Manodváravajjina. Abertura das portas da mente ou a saída pela porta da mente.*

Nesta etapa o candidato adquire uma firme convicção da inconsistência e vanidade das aspirações puramente terrenas. Costuma-se explicar isso como a aprendizagem da diferença entre o real e o ilusório, para o que, às vezes, é preciso dedicar longo tempo e lições difíceis. É evidente que tal aprendizagem deve ser o primeiro passo para o verdadeiro progresso, porque nenhum homem entra alegremente e de todo o coração no caminho até que definitivamente se resolve "...*pôr seus objetivos nas coisas do céu e não nas da terra...*". Esta resolução dimana da certeza de que nada do terreno tem valor algum se comparado com a vida superior. A este passo é chamado das idas da aquisição do viveka ou discernimento e o Senhor Sinnett considera-o como o da submissão ao eu superior.

2. *Parikamma. Preparação para a ação.*

É a etapa em que o candidato aprende a operar corretamente pela simples consideração da justiça, sem ter em consideração seu próprio proveito ou prejuízo neste mudo ou no vindouro. Além de que adquire, conforme explicam os livros orientais perfeita indiferença em comprazer-se com o fruto das suas próprias ações. Essa indiferença é o resultado natural do passo anterior, porque uma vez que se compreenda o neófito do vão e transitório caráter de todas as recompensas terrenas, cessa de desejá-las; uma vez que brilhe na sua alma a refulgência do real, absolutamente nada

146 ◆ Os Protetores Invisíveis

do terreno poderá ser objeto de suas ânsias. A este elevado despego chamam os hindus de vairagya.

3°. Upacharo. Atenção ou conduta.

É a etapa em que devem adquirir-se as seis qualidades (As Shatsamparti dos hindus), que em pali são chamadas da seguinte forma:

a) Samo (Quietude) – Aquela pureza e calma de pensamento que dimanam do perfeito governo da mente, É uma qualidade em estremo difícil de alcançar e a mais necessária, porque se a mente não atua de acordo, unicamente, com a vontade, não pode ser instrumento adequado para a obra do Mestre, no futuro. Esta qualidade é uma vasta extensão e entranha por sua vez no domínio de si mesma e a calma já descrita no capítulo XIX como necessária para a obra astral.

b) Damo (Subjugação) – Um domínio parecido sobre as palavras e os atos e, portanto pureza de umas e outros. É qualidade que se deduz necessariamente da anterior.

c) Uparati (Cessação) – Explica-se como a suspensão do fanatismo ou crença na necessidade de algum ato, prática ou cerimônia prescrita por determinada religião, conduzindo assim o aspirante à independência de pensamento e a uma ampla e generosa tolerância.

d) Titikkhá (Paciência ou resistência) – Significa a facilidade de suportar alegremente qualquer classe de karma que possa sobrevir e separar-se de todas ou de cada coisa mundana se for necessário. Abarca também a ideia de completa carência de rancor por injúrias, pois reconhece que os que o injuriam não são senão instrumentos do seu carma.

e) Samádhána (Aplicação) – O rigor para consigo mesmo, que entranha na incapacidade de desviar-se do caminho pela tentação. Relaciona-se muito estreitamente com a simplicidade ou ingenuidade mental.

f) Saddhá (Confiança) – Confiança no Mestre e em si mesmo. Confiança que consiste em considerar o Mestre como instrutor competente e em que, pela desconfiança que sente o discípulo nas suas próprias forças, arde no seu interior aquela divina faísca que convertida em chama o fará apto a realizar quanto o seu Mestre realiza.

4. *Anuloma*.

(Ordem ou sucessão direta, como significando que o logro desta qualidade é consequência natural das outras três).

É a etapa em que se adquire o intenso desejo de libertação da vida terrena para unir-se à superior. Chama-se de Mumukshtva.

5. *Gotrabhú. (Condição de aptidão para a iniciação).*

Nesta etapa o candidato reúne, por assim dizer, suas aquisições prévias e as fortalece no grau necessário para o próximo grande passo que o colocará no caminho, propriamente como discípulo aceito. Com o êxito deste nível segue rapidamente a iniciação ao próximo grau. Respondendo à pergunta: *"Quem é Gotrabhú?"*, disse Buda: "É Gotrabhú o homem que possui as condições das quais se segue o começo da santificação".

A sabedoria necessária para a recepção no caminho de santidade chama-se Gotrabhúgñana.

148 ◆ Os Protetores Invisíveis

Vislumbradas rapidamente as etapas do caminho probatório, examinemos ao que nos referimos no começo, ou seja, que o perfeito sucesso nesses requisitos e qualidades não havemos de esperá-lo nesta etapa terrena. Como disse o Sr. Mohini: *"Se todas elas são igualmente vigorosas, o Adaptado se alcança na mesma encarnação"*. Mas tal resultado é extremamente raro.

O candidato deve esforçar-se sem cessar em adquiri-las, mas seria errôneo supor que ninguém, fosse admitido a dar outro passo sem possuí-las todas, no mais alto grau possível. Nem tampouco é necessário que a uma etapa siga precisamente outra, na mesma ordem definida, porque em alguns casos um homem poderá desenvolver várias qualidades muito melhor simultaneamente do que em sucessão regular.

É evidente que um homem pode facilmente trabalhar durante uma grande parte deste caminho, ainda que seja completamente ignorante da sua existência e sem dúvida, muitos cristãos bons e muitos ardentes livres pensadores já estejam muito adiantados no caminho que, eventualmente os conduzirá à iniciação, ainda que em sua vida não tenham ouvido falar nem uma única palavra de ocultismo.

Faço menção especial de cristãos e livres pensadores porque as demais religiões admitem como possível, o aperfeiçoamento oculto e, portanto, deixarão certamente de ver os que anelam algo mais satisfatório do que as crenças exotéricas.

Também devemos destacar que as etapas do período probatório não estão separadas por iniciações no rigoroso sentido da palavra, ainda que estejam entremeadas de provas e ensaios de toda categoria e em todos os planos e possam ser avivadas por fortalecedoras experiências e por sugestões e auxílios em qualquer tempo que, seguramente possam ocorrer.

Algumas vezes propendemos a empregar a palavra iniciação um tanto ligeiramente, como, por exemplo, quando a aplicamos às provas que acabamos de citar. Mas, a rigor, só se refere à cerimônia solene em que um discípulo é admitido num grau superior por um ministro adequado, que em nome do Supremo Iniciador recebe seus votos e põe em suas mãos a nova chave de conhecimento que há de usar no nível alcançado em referido ponto.

Tal iniciação tem efeito ao entrar na divisão que vamos considerar e também ao passar de uma etapa à que a segue imediatamente. 1 ([1] Creio mais conveniente deixar este capítulo tal como apareceu na primeira edição há trinta anos. Não obstante, muitas coisas aconteceram desde então, porque a humanidade evolui.

Ainda que lentamente, e a opinião pública mudou muito a respeito dos assuntos de que trato neste livro, de sorte que em obras posteriores os tratei com maior amplitude. Se o interesse de algum leitor foi despertado pela escola e enumeração técnica das qualidades descritas, se no seu íntimo sente o anelo de buscar o Seadem de Santidade e percorrê-lo, aconselho-o à detida leitura de Os Mestres e o Caminho, onde encontrará mais informações.

XXI

O caminho propriamente dito

Nas quatro etapas desta divisão do caminho é onde hão de quebrantarem-se os dez Samyojana ou ligaduras que atam o homem ao ciclo das reencarnações e retardam sua entrada no Nirvana. Aqui vemos a diferença entre o discipulado com solvência e a prova prévia.

Nenhum êxito parcial é suficiente, neste sentido, para desembaraçar-se de tais ligaduras, pois antes que o candidato possa passar de uma etapa à outra imediatamente posterior, deve estar completamente livre de alguns destes impedimentos e quando os enumeremos, se verá o quão difícil de alcançar é este requisito e não nos encantaremos de que digam os livros sagrados que algumas vezes são necessárias sete encarnações para percorrer esta divisão do caminho.

Cada uma das quatro etapas mencionadas subdivide-se por sua vez em outras quatro. Cada uma delas tem:

1º O Maggo ou caminho durante o qual o estudante esforça-se por desembaraçar-se das ataduras.

2º O Phala (gozo do fruto), ou seja, quando toma consciência do resultado da sua ação que constantemente se lhe apresenta.

3º O Bhavagga, ou consumação, que é o período em que o resultado tendo chegado ao seu ápice o estudante torna-se capacitado para cumprir satisfatoriamente o trabalho relativo à etapa por onde caminha firmemente à vontade.

4º O Gotrabhú, que como dito antes, significa o tempo em que chega à aptidão necessária para receber a imediata iniciação.

1. A primeira etapa. Sotápati ou Sohan.

Ao discípulo que chegou a este nível é chamado de Sowami ou Sotápanna, isso é, "aquele *que entrou na corrente*"; porque a partir deste período, ainda que duvide ou sucumba às violentas tentações e se desvie do caminho por uma única vez, não retrocederá completamente do seu estado espiritual para voltar a ser mundano.

Já entrou na corrente da evolução superior humana pela qual todo homem há de seguir na próxima rodada, a menos que por deslizes transitórios o deixe para trás a grande onda da vida, para esperar ulteriores progressos até a próxima cadeia de encarnações.

O discípulo capaz de receber esta iniciação, adiantou-se, portanto, à maioria da humanidade no período completo de uma rodada de todos os nossos sete planetas e ao fazê-lo assim, tomou conhecimento definitivamente contra a possibilidade de separar-se da corrente na quinta rodada. Portanto, costuma-se chamar de "*o salvo ou o assegurado*".

Devido à má compreensão desta ideia surgiu a peregrina teoria da salvação, defendida por uma seita cristã. A salvação eoniana de que falam alguns textos, não é como injuriosamente supuseram os ignorantes, a salvação de eternos tormentos, senão simplesmente a de inutilizar o resto deste eon ou dispensa por desviar-se da linha de aperfeiçoamento. Também é este o significado natural das palavras do credo de Atanásio: *"Para ser salvo se requer antes de tudo professar a fé católica"*. (Veja-se The Christian Creed, p.91). Impedimentos, embaraços ou ligaduras que temos que quebrantar antes do passo para a próxima etapa, são:

1º Sakkáyadiithi – A ilusão do eu.

2º Vichikichchhá. A dúvida ou incerteza.

3º Silahbataparámása. – Superstição.

O primeiro é o «**eu sou eu**» ou consciência que relacionada com a personalidade não é mais do que uma ilusão e deve ser rejeitada na primeira etapa do verdadeiro caminho de progressos. Mas quebrantar totalmente o referido impedimento significa ainda mais do que isso, porque entranha o reconhecimento de que a individualidade é verdadeiramente una com o Todo e que pelo mesmo motivo, nunca pode ter um interesse oposto ao de seus irmãos e que verdadeiramente tanto mais progride quem com maior afinco contribua para o progresso dos demais. Porque o verdadeiro signo e sinal de haver alcançado o nível Sotápatti é o primeiro ingresso do discípulo no plano imediatamente superior ao mental, aquele que comumente chamamos *"búdico"*.

Pode ser e será este ingresso um ligeiríssimo toque de ínfimo subplano daquela portentosamente excelsa condição que o discípulo pode, não obstante, experimentar em vislumbre com anterioridade com a ajuda do Mestre; mas, ainda, este toque é algo que jamais se esquece, algo que abre um novo mundo diante dele e subverte inteiramente suas ideias e sentimentos.

Na ocasião, mediante a extensa condição daquele plano, pela vez primeira se convence da subjacente unidade de todas as coisas, não só como simples conceito, senão como fato definitivo e patente ante seus olhos abertos. É então, quando conhece realmente, pela primeira vez, algo do mundo em que vive e também, pela primeira vez, alcança um tênue vislumbre do que devem ser o amor e a compaixão dos grandes Mestres.

A respeito do segundo impedimento, convêm antepor duas palavras. Os que fomos educados nos costumes mentais da Europa, estamos, desafortunadamente, tão familiarizados com a ideia de exigir dos discípulos adesão cega e irracional, que ao ouvir que o ocultismo considera a dúvida como um obstáculo ao progresso, inclinamo-nos a supor, igualmente, que também é preciso a mesma inquestionável fé dos seus adeptos como exigem as modernas superstições. Nada mais falso.

É verdade que a dúvida (ou melhor a incerteza), em determinadas questões são um obstáculo ao aperfeiçoamento espiritual, mas, o antídoto desta dúvida não é a fé cega (que é considerada como um impedimento, conforme veremos), senão a certeza da convicção encontrada em experiências pessoais de demonstração matemática.

Se uma criança duvida da exatidão da tabuada de multiplicar, dificilmente aprenderá as matemáticas e suas dúvidas só poderão ser satisfatoriamente resolvidas pela compreensão baseada em raciocínios e demonstrações que evidenciem a verdade da tabuada. Crê que dois e dois são quatro, não precisamente porque assim lhe ensinaram, senão porque chegou a ser para ela, um fato evidente. E este é rigorosamente o único método que conhece o ocultismo para resolver as dúvidas. Definiu-se o Vichikichchhá como a dúvida das doutrinas do carma e da reencarnação e da eficácia do método de alcançar o supremo bem pelo caminho da santidade.

Liberando-se dele, chega-se ao Samyojana, a absoluta certeza, já, baseada sobre seu conhecimento pessoal e direto, já sobre a razão de que são verdadeiros os ensinamentos exotéricos concernentes às leis fundamentais da reencarnação e do carma.

O terceiro impedimento que se há de quebrantar: toda classe de irracionais ou crenças enganosas, toda dependência na eficácia de ritos externos e cerimônias para purificar o coração. Quem o quebranta verá que isso depende de si mesmo, não de outros, em do aparente raciocínio de qualquer religião.

Os três primeiros impedimentos estão relacionados em série ordenada. Uma vez conhecida plenamente a diferença entre a individualidade e a personalidade, é possível apreciar com precisão algo do atual processo de reencarnação e dissipar assim qualquer dúvida sobre o particular. Feito isso, o conhecimento da permanência espiritual do verdadeiro eu suscita a confiança na própria força espiritual de si mesmo e dissipa a superstição.

II. *Sakadágámi.*

O discípulo que entrou nesta segunda etapa é chamado *Sakridágámín*, ou seja: "*o homem que retorna só uma vez*". Significa que o homem que alcançou este nível só necessitará de outra encarnação para chegar ao Arahatado.

Neste período, não se há de quebrantar nenhum impedimento adicional, senão que o discípulo está ocupado em reduzir ao mínimo o que, todavia, se encadeie. Não obstante, é comum um período de considerável aperfeiçoamento psíquico e intelectual.

Se não foram adquiridas as faculdades que comumente se chamam psíquicas, devem ser desenvolvidas durante este período, porque sem elas nos seria impossível assimilar o conhecimento que se nos há de dar, nem cumprir a elevada obra em favor da humanidade.

Quando chega a este ponto, o discípulo já tem o privilégio de cooperar. Deve ser dono da sua consciência astral durante a vigília da sua vida física e durante o sono se abrirá ante ele o mundo celeste, porque a consciência de um homem quando está fora do seu corpo físico, é sempre um grau mais elevada do que a que possui, enquanto habita a fatigante prisão da carne.

III. *Anágami. (O que volta).*

É chamado Anágámin, porque havendo alcançado este nível, deve ser capaz de alcançar o proximamente imediato após sua existência.

Durante as tarefas cotidianas da sua profissão goza das esplêndidas possibilidades de progresso que dá a plena posse das inestimáveis faculdades do mundo celeste. e à noite, abandona seu veículo fisco, entra outra vez na maravilhosa e ampla consciência búdica.

Tendo chegado a este período, desembaraça-se finalmente de qualquer resíduo dos dois impedimentos seguintes:

4. Kámarága. – Apego ao gozo emocional representado no amor terreno.

5. Patigha – Qualquer possibilidade de ira ou de ódio.

O discípulo que se desembaraçou destes impedimentos já não pode vibrar de modo algum, por influência dos seus sentidos, quer seja em amor ou ódio e fica livre de afeto, ânsia ou anelo nas condições do plano físico.

Aqui haveremos de precaver-nos de novo contra um possível erro e com o qual costumamos tropeçar. O amor humano realmente puro e nobre nunca morre, nunca e de nenhum modo míngua por causa da educação esotérica; pelo contrário, acrescenta-se e espalha até abraçá-lo todo com o mesmo fervor que a princípio foi prodigalizado a um ou vários seres. Mas o estudante deve sobrepor-se com o tempo a toda consideração referente à simples personalidade dos que o rodeiam e assim estará livre de todas as injustiças e parcialidades que o amor terreno entranha. Não havemos de supor nem por um momento que ao alcançar este amplo afeto a todos, perca o particular amor pelos seus mais íntimos.

O singularmente perfeito elo entre Ananda e Buda, como entre João e Jesus, prova que, pelo contrário, este amor particular toma enorme intensidade e que o laço entre um Mestre e seus discípulos é mais forte do que qualquer outro ligamento terreno. Porque o afeto que floresce no caminho da santidade é afeto entre egos e não entre personalidades; portanto é forte e permanente, sem medo de que diminua ou vacile, porque é perfeito aquele amor que afugenta qualquer receio...

IV. Arahat, (O venerável, o perfeito).

Ao alcançar este nível, o aspirante goza continuamente da consciência do plano búdico e é capaz de usar suas potências e faculdades ainda no corpo físico e se o abandona durante o sono ou o êxtase, passa imediatamente à inefável glória do plano nirvânico. O ocultista, ao chegar a este plano deve rejeitar os últimos resíduos dos cinco últimos impedimentos que são:

6. úparaga. Desejo de beleza de forma ou de existência física em qualquer forma, inclusive a do mundo celeste.
7. rúparága. – Desejo de vida sem forma.
8. Mano. – Orgulho.
9. Uddhachcha. – Agitação ou irritabilidade.
10. Avidya. – Ignorância.

Devemos notar aqui que a rejeição do Rúparága, não só entranha a anulação do desejo de vida eterna e da astral e devakánica, por gloriosas que umas e outras possam ser, senão também de toda propensão a ficar indevidamente atraído ou repelido pela beleza externa ou a aparente fealdade de uma pessoa ou coisa.

O Arúparága, ou desejo de vida, já nos planos superiores sem forma do mundo celestial, já, todavia, no mais excelso plano búdico, seria simplesmente uma espécie mais sutil e menos sensual de organismo e deve ser rejeitado da mesma maneira que o mais grosseiro. Uddhachcha significa literalmente, "*propensão a que se perturbe a mente*" e o homem que se desembaraçasse de todo deste impedimento seria absolutamente imperturbável, indiferente a qualquer coisa que pudesse lhe acontecer, perfeitamente inacessível a qualquer tipo de ataque a esta dignificada serenidade.

A superação da ignorância entranha naturalmente a aquisição do perfeito conhecimento, a omnisciência prática no que concerne ao nosso sistema planetário. Quando desaparecem todos os impedimentos, o ego alcança a quinta etapa, a do completo Adaptado e chega ser:

V. Asekha- (O que já não tem nada que aprender em relação ao nosso sistema planetário).

Em nosso nível é impossível que compreendamos o que significa este sucesso. Todo o esplendor do plano nirvânico estende-se diante dos olhos despertos do Adaptado, enquanto que, quando lhe agrade abandonar seu corpo, tem poder para entrar em algo mais elevado: num plano de que só conhecemos o nome. Como disse o professor Rhys Davids: *"Fica então livre de todo pecado; vê e aprecia todas as coisas desta vida com seu justo valor e, como sua mente, está desarraigado de todo mal, só sente desejos justos e nobres em si mesmo e terna compaixão, tolerância e sublime amor pelos demais"*.

Para demonstrar o pouco que perdeu o sentimento de amor, diz o Metta Sutta ao tratar do estado intelectual de quem se encontra neste nível: *"Como ama uma mãe, que ainda com risco da sua vida, protege seu único filho, assim sente o amor por todos os seres"*.

Com benevolência Imensa influi no mundo inteiro acima, abaixo, ao redor, sem limites, sem sentimento algum de interesse diferente ou oposto.

Quando um homem permanece firmemente neste estado mental, sem cessar um instante, já esteja quieto ou andando, já sentado ou deitado, então chega a realizar o que está escrito: *"Ainda nesta vida encontre a santidade"*.

XXII

O Além

É evidente que, além deste período, nada sabemos das novas qualidades requeridas para o acesso aos ainda mais altos níveis que se estendem ante a ulterior evolução do homem perfeito.

Não obstante não há dúvida de que quando um homem chega a ser Asekha já apurou todas as possibilidades de aperfeiçoamento moral e que, um maior avanço para ele só pode significar um mais extenso conhecimento e uma mais ampla e maravilhosa força espiritual.

Sabemos que quando o homem alcança esta virilidade espiritual, já, pelo tardio curso da evolução, já, pelo mais curto caminho da autoperfeição, assume o pleno governo de seus próprios destinos e escolhe sua futura trajetória de evolução entre os sete caminhos possíveis que vê abertos ante de seus olhos.

Naturalmente, em nosso nível atual não cabe a esperança de compreender grande coisa sobre este particular. Só podemos alcançar uma breve silhueta de alguns desses caminhos, que dizem muito pouco à nossa inteligência, pois, em geral, escolhe-os o adepto fora da nossa cadeia planetária, que não lhe permite suficiente campo para sua evolução.

Um dos caminhos é o *aceito o Nirvana*, conforme indica a frase científica: Um assunto sobre o que nada sabemos é o referente à permanência do aspirante nesta sublime condição durante incalculáveis eones, preparando-se para a futura linha de evolução e, verdadeiramente, se alguma notícia pudesse ser dada a respeito destes pontos, é mais do que provável que nós não a compreendêssemos, em nossa relativamente atrasada etapa de evolução e adiantamento espiritual. Mas se não é assim, pelo menos podemos inferir que o beatífico estado de Nirvana não é, como alguns supõem ignorantemente, uma condição de estéril aniquilamento, senão, pelo contrário, a mais intensa e benéfica atividade e que conforme o homem se eleva na escala da natureza, suas possibilidades são maiores e seu trabalho em prol de outros, maior e de mais alcance e que aquela infinita sabedoria e poder ilimitado tão só significam para ele infinita capacidade para o serviço, porque são dirigidos pelo mais alto conhecimento que cabe possuir no atual ciclo de evolução e pelo infinito amor. Outros escolhem uma evolução espiritual não inteiramente afastada ou separada da humanidade, porque, ainda que não relacionada diretamente com a próxima cadeia de nosso sistema, estende-se em dois longos períodos, correspondentes à sua primeira e segunda rodadas, ao final deste tempo se lhe apresentará também a *aceitação do Nirvana*, mas em maior grau do que o previamente dito.

Também há aqueles que se unem à evolução dévica cujo progresso se estende ao longo de uma grande cadeia formada por sete cadeias como as nossas, cada uma delas é para eles como um mundo. Considera-se esta classe de evolução como a mais gradual, portanto, a menos árdua das sete.

Ainda que a ela se faça referência nos livros como *propensa à tentação de chegar a ser um deus* só pode ser assim, quando se compara com a sublime elevação da renúncia do Nirmánakáya que se pode chamar deste modo, quase depreciativo, porque o adepto que escolhe este caminho tem verdadeiramente um caminho glorioso diante dele e ainda que o escolhido não seja o mais curto, é, entretanto, nobilíssimo, como se advertirá pela circunstância que o escolheu a mãe de Jesus ao chegar ao adaptado e desde então desempenha o eminente e responsável ofício de Mãe do Mundo, ainda que seus devotos desconheçam tão sublime circunstância (1) Veja-se a este propósito, Os Mestres e o Caminho, segunda edição e o folheto: A Mãe do Mundo como símbolo e como fato).

Outro grupo é o dos Nirmánakáyas; aqueles que rejeitam todos esses métodos fáceis escolhem o caminho mais curto, mas o mais escabroso que conduz às supremas alturas que se erguem diante dele. Forma o que, em termos poéticos, chama-se de *o muro protetor* e como nos diz em "*A voz do Silêncio*", protegem o mundo de maiores e ulteriores misérias e aflições, consagrando todas as suas forças ao trabalho de derramar sobre ele um caudal de força espiritual e auxiliadora, pois estaria seguramente sumido num maior desespero do que está agora e os problemas que o conturbam, seriam mais graves.

Resta por assinalar aqueles seres que permanecem na mais direta associação com a humanidade e continuam revestindo-se da carne, escolhendo o caminho que conduz ao longo das quatro etapas que antes chamamos de período oficial.

Entre eles estão os Mestres da Sabedoria, aqueles dos quais, nós, estudantes de Teosofia aprendemos os fragmentos que conhecemos da potente harmonia da Natureza evolutiva. Mas parece que só um número relativamente curto escolhe este caminho; talvez somente os necessários para levar a cabo este aspecto físico das tarefas protetoras.

Ao ouvir falar destas diferentes possibilidades, muitos exclamam com temeridade, que na mente de um Mestre só deveria existir o pensamento de escolher aquele caminho em que melhor pudesse ajudar a humanidade. Mas se soubessem mais, não fariam esta observação aqueles que as fazem, pois não devemos esquecer que há outras evoluções no sistema solar, além da nossa e sem dúvida, é necessária para o desenvolvimento do vasto plano do Logos que tenha Adeptos operantes das sete ordens a que nos referimos.

Seguramente a escolha feita pelo Mestre terá por finalidade ir aonde seu trabalho seja mais necessário, começando seus serviços com absoluta abnegação de si mesmo, à disposição das Potestades que regem esta parte do grande plano da evolução.

Este é o caminho que diante de nós se estende. O caminho que cada um de nós está começando a percorrer. Ainda que prodigioso por suas elevadas distâncias, lembremo-nos que havemos de segui-lo gradualmente, passo a passo e os que agora estão próximos da meta arrastar-se-ão na lama do vale e sofrerão tantas angústias como nós agora.

Ainda que no início este caminho pareça áspero e fatigante, conforme vamos subindo, nossas pisadas chegam a ser firmes e nossa vigilância mais ampla e assim nos achamos mais capazes de ajudar os que vêm subindo atrás de nós. Porque o princípio é árduo e fatigante para o eu inferior. Algumas vezes foi designado com o enganoso título de *Caminho de aflição*; mas como maravilhosamente disse a senhora Besant:

"No fundo de todos estes sofrimentos lateja um profundo e esperançoso gozo do elevado. Quando se desvanece o último trapo da personalidade, também se desvanece todo sofrimento e, no aperfeiçoado Adepto, aflora a imperturbável e o perpétuo gozo vê o fim para o qual tudo propende em contínuo labor e regozija-se neste sentido, conhecendo que as tristezas da terra não são mais do que uma fase transitória da evolução humana". Muito pouco se escreveu do profundo alvoroço que dimana do estar no caminho, de seguir pela estrada até o final, de saber que se acrescenta a potência de ser útil e que a natureza inferior vai extirpando-se paulatinamente.

Pouco foi escrito a respeito dos raios do gozo que fluem sobre o caminho desde os planos superiores, deslumbrante claridade da glória revelada, da serenidade, contra a qual não podem prevalecer as tormentas da terra.

Para todo aquele que tenha entrado no caminho, todas as demais vias perdem seu encanto e suas tristezas têm o mais penetrante deleite que os mais refinados prazeres do baixo mundo. (Vahan, vol. V, nº 12).

Não obstante, o homem que pense que a tarefa é demais espinhosa para ele, não se desespere; o que o homem fez, outro pôde fazê-lo e à proporção em que estendamos nosso auxílio àqueles a quem possamos ajudar, nos auxiliarão os que, por sua vez, alcançaram a capacidade de auxiliar-nos. Assim, desde o ínfimo ao supremo, nós, os que andamos calcando as etapas do caminho, estamos ligados uns aos outros por uma longa cadeia de muitos serviços e ninguém há de acreditar-se esquecido ou sozinho, porque, ainda que às vezes, os degraus inferiores da grande escala possam estar envoltos em neblinas, sabemos que conduzem às felicíssimas regiões de puríssimo ambiente onde refulge inextinguível a sempiterna luz.

No Crepúsculo

Um grupo de amigos reunia-se ao cair da tarde, quando a conversa recaiu sobre o suicídio.

Reuniam-se deste modo, uma vez ao mês, na quietude do poente. Os habitantes das grandes cidades não usufruem desta hora de silêncio do crepúsculo, nem ouvem os sons encantados das campainhas, tocando às vésperas de um e outro dia.

O pequeno círculo costumava discutir um ponto de interesse qualquer que houvesse surgido dentro da esfera de percepção de um dos seus indivíduos no mundo físico, no astral e no mental.

O número de suicídios registrado nos jornais levou a conversa, desta vez, ao assunto tão debatido.

1 (As histórias a que se referem estes anais, são autênticas, a menos que se declare terminantemente o contrário em algum caso particular, ou seja, são experiências verdadeiras.

– Se pudéssemos fazer compreender a essas pessoas que não podem matar-se – observou o Pastor meditando – que só conseguem liberar-se do seu corpo físico e que sem lugar a dúvidas com isso perdem, pode ser que não se mostrassem tão dispostos a abrir buracos nos seus corpos ou a suicidar-se morrendo afogados na água.

– Aí está a dificuldade – disse o Erudito – as horrendas histórias que nos referem nossos videntes dos resultados do suicídio no mundo astral, não são muito conhecidas pelo público e ainda que as conheça, não creem nelas.

– Em minha opinião pintam um inferno verdadeiro – comentou a Marquesa – um dos nossos videntes fez referência a uma história que era tão espantosa em seus horrores, como qualquer uma das descrições do inferno de Dante.

– Conte-a outra vez. Oh! Vagabundo Astras!–exclamou o mais jovem da reunião, cujo afã por tais reuniões era insaciável. – Conte-a outra vez.

– Pois bem, trata-se de uma história horripilante.

– começou dizendo o Vagabundo, em tom tímido e de escusas. – Há alguns cem anos havia dois amigos, meio mercadores, meio aventureiros, que durante algum tempo haviam viajado juntos, compartilhando da boa e da má sorte. O mais velho, Hassan, havia salvado Hibrain, o mais jovem, de morrer de fome e sede no deserto, pois o encontrou distendido sem consciência, junto a seu camelo, o qual havia matado para conseguir dele algum sustento.

Hassan, que na ocasião passava só por aquele local para se reunir com a caravana, encontrou, sobre as ardentes areias, o homem e o animal, ambos com aparência de mortos. O coração do homem, ainda batia debilmente e Hassan conseguiu revivê-lo, transportando-o sobre seu camelo salvou o amigo.

Hibrain, que era rude, temerário e colérico, sentiu desde aquele dia um profundo afeto pelo seu salvador e durante alguns anos viveram como irmãos. Aconteceu que se encontraram casualmente com um grupo de árabes e viveram certo tempo com eles. Foi então que a má sorte quis que o formoso rosto da filha do chefe atraísse os olhares de ambos e os dois homens ficaram enamorados perdidamente da belíssima jovem.

O caráter de Hassan, mais firme e bondoso atraiu sua confiança e seu carinho, enquanto que a paixão furiosa de Ibraim só lhe causava terror.

Quando este percebeu disso, se despertou um tigre na selvagem natureza do jovem. Devorado por ciúmes violentos, Hibrain resolveu, em sombria meditação, alcançar seu desejo a todo o custo e matou Hassan, no momento em que ambos em combate, enfrentavam seus inimigos. Partiu velozmente para o acampamento, saqueou a tenda do chefe, apanhando a jovem, colocou-a sobre seu veloz camelo e fugiu.

Durante algum tempo viveram juntos, época tormentosa de paixão febril, de suspeitas receosas da parte dele e de submissão sombria e constantes planos de fuga, por parte dela.

Um dia, ao voltar de uma excursão curta, encontrou a jaula vazia, a bela jovem havia desaparecido e havia roubado todos seus tesouros. Furioso pelo seu amor traído e pelo ódio, procurou-a loucamente alguns dias até que por último, numa tempestade de ciúmes e de desespero, se jogou na areia, degolou-se e balbuciando uma maldição, expirou.

Um choque como a força elétrica, uma labareda de fogo azul-violáceo, uma agonia concentrada de tecidos que se desgarravam de partes que se separavam com violência e a estremecida forma etérea foi violentamente arrancada da densa matéria e aquele homem cego e aloucado encontrou-se ainda vivo no astral, enquanto seu cadáver jazia inerte sobre a areia. Depois, confuso torvelinho de sensações, de luta agonizante, Hibrain encontrou-se no mundo astral rodeado de lúgubre e densa obscuridade, um ser vil em todos os sentidos, desesperado e abrumado de horror.

Os ciúmes, a raiva, a fúria da paixão enganada e do amor traído, desgarravam as cordas do seu coração e a sinistra energia, que já não se desgastava mais para mover a pesada massa do corpo físico, impunha uma agonia muito mais aguda do que jamais poderia imaginar.

A forma sutil respondia a cada palpitação do sentimento e cada dor centuplicava sua força, assim que os sutis sentidos contestavam a cada onda de angústia, porque já não existia a forte muralha do corpo que quebrantasse a força daquelas enormes ondas que se precipitavam sobre sua alma. A!, ainda dentro deste inferno, um inferno, ainda mais negro! E o que é essa coisa informe, horripilante, que flutua ao seu lado como levada por uma corrente invisível, sem sentido, cega, com sinais horríveis de feridas sempre abertas, com coágulos de sangue fétido?

O ar torna-se ainda mais pesado e mais pútrido à medida que aquela decomposição avança e é o vento que, quando tudo aquilo passa, geme: Hassan!...Hassan!...Hassan? Com um grito afogado num rouco soluço, Hibraim salta para diante e se precipita enlouquecido, sem saber para onde, para poder fugir deste terror flutuante, deste cadáver aborrecido de um amigo traído. Seguramente conseguiu escapar, fugiu com a velocidade de um antílope perseguido. Ao deter-se, anelante, algo surge por cima dos seus ombros, olha aterrorizado ao seu redor... Ali está! Então começa uma caça, se é que se lhe pode dar tal nome, quando o caçador é inconsciente e depende do persegui-do, parecendo sempre deslizar-se lentamente, sem objeto, e não obstante, sempre ao lado, ainda que o outro corra velozmente.

Abaixo, mais abaixo, em precipícios sem fundo, de lôbregos vapores, uma pausa e o horripilante contacto da massa informe flutuante, com todo o horror que o envolve como uma nuvem. Fora, fora daqui! Para as cavernas mais asquerosas do vício, onde as almas aprisionadas à terra se regozijam com as orgias mais abjetas e aquelas aglomerações o protegerão seguramente contra o temido intruso, mas, não avança flutuando como se ali não existisse multidão alguma e aparentemente sem objetivo, balança-se junto a seus ombros.

Se falasse, se blasfemasse, se visse, se infringisse deliberadamente fortes golpes, um homem poderia fazer-lhe frente, mas, esta massa cega, silenciosa, informe e flutuante, com sua presença lúgubre, persistente, enlouquece, intolerável e não obstante, não há meio de escapar dela. Ó! Quem estivesse outra vez no ardente deserto, com o firmamento sem limites sobre sua cabeça, faminto, roubado, traído, abandonado, mas num mundo de homens, fora destes horrores insensíveis, flutuantes, em profundidades sem ar, lúgubres, viscosas! – Os tons tranquilos do Pandit romperam o silêncio em que se havia desvanecido a voz do Vagabundo:

– Isso parece fazer mais reais as pinturas de Náraka. Não são contos de velhas, depois de tudo, se o mundo astral contém tais resultados dos crimes cometidos aqui.

– Mas Hibrain não será sempre perseguido deste modo – disse nosso jovenzinho, compassivamente, na vez em que em sua aura vibravam ondas da mais preciosa cor rosada.

– Seguramente que não, respondeu o Vagabundo, sorrindo. – O inferno eterno não é nada mais do que um espantoso sonho da ignorância que seguiu a perda da gloriosa doutrina da reencarnação, que nos demonstra que todo sofrimento não faz mais do que nos ensinar uma lição necessária. Nem todos os suicidas aprendem suas lições em circunstâncias tão tristes como as que rodearam o desafortunado Hibraim.

– Conte-nos, Pastor, esse assunto do suicida, a quem você e nosso jovenzinho, ajudaram na outra noite.

– Não! Não pode chamar-se de uma história! – disse o Pastor, preguiçosamente – e uma simples descrição, mas tal como é vou lhes contar:

– Havia um homem que se viu agoniado pelo grande número de desgraças que o atormentaram até o ponto de produzir-lhe uma febre cerebral. No seu estado normal de saúde, era muito boa pessoa, mas viu-se reduzido a uma lastimosa ruína de nervos descontrolados.

Neste estado passava uma noite por um campo, onde fazia 60 anos que um libertino havia-se suicidado e este elementar, atraído por sua mórbida melancolia, apegou-se a ele e começou a insinuar-lhe pensamentos de suicídio. Esse pobre homem havia perdido sua fortuna no jogo e na má vida e culpando o mundo dos seus desacertos havia-se suicidado jurando vingar, em outros, suas supostas desgraças. Isso o levou a induzir o sentimento de suicídio em outras pessoas cuja situação de ânimo deixava-os propensos a sua influência e nosso pobre amigo foi sua vítima.

Depois de lutar por dias contra estes impulsos diabólicos, seus irritados nervos cederam e suicidou-se com um tiro naquele mesmo local. É desnecessário dizer que, de repente, se encontrou do outro lado, no sub-plano inferior do mundo astral, em meio às terríveis condições que já sabemos.

Ali permaneceu muito sombrio e miserável, agoniado pelo remorso e sujeito ao escárnio e à desaforos do seu desafortunado tentador, até que finalmente começou a crer que o inferno era uma realidade e que nunca lograria escapar do seu triste estado. Deste modo permaneceu mais de oito anos, quando nosso jovenzinho encontrou-o – prosseguiu dizendo o Pastor atraindo para si o jovem – e como era principiante em tais cenas, prorrompeu em tal explosão de compaixão e simpatia que de regresso a seu corpo físico, despertou chorando amargamente.

Depois de consolá-lo, teve que fazê-lo ver que a simpatia desta classe era pouco produtiva e voltamos juntos a encontrar nosso desafortunado amigo.

Explicamos a situação a ele, animamos o sofredor e o consolamos, fazendo-o compreender que só se encontrava sujeito por sua própria convicção da qual não podia redimir-se e ao fim de poucos dias, tivemos a sorte de vê-lo fora daquele plano inferior. Desde então, seguiu progredindo e em pouco tempo, talvez dentro de um ano, ou coisa assim, passará a ser um *devacam*. Como viram esta não é uma história conforme dizem.

– Uma história muito boa – retificou o Doutor – e de todo necessária para tirar o sabor dos horrores do Vagabundo das nossas bocas psíquicas.

– Comentando outro assunto – disse o Arquivista – eis aqui um relato interessante ocorrido na Suécia sobre uma aparição no momento da morte, vista por dezesseis pessoas. Foi enviada por um dos nossos membros.

– Guardai-a para a outra vez, pois já está tarde e estamos fazemos falta em outro lugar – disse o Erudito.

Quando nossos amigos voltaram a se encontrar, exclamaram unanimemente: "*a história do fantasma! prometida pelo Arquivista*" e este em resposta, retirou do bolso uma volumosa carta que dizia: *"Esta carta é de uma de nossas estudantes de Treya, que vem frequentemente a Suécia e se refere a uma história relacionada com ela numa viagem muito recente".* Eis o que diz:

"Durante o outono de 1986, viajando eu da costa oriental da ilha de Gothland até a cidade de Wisby, fui convidada a passar uma noite na reitoria do Pastor desta paróquia, homem de uns cinquenta anos, um trabalhador incansável, fervoroso, interessado na bela igreja que se encontra sob sua responsabilidade e um dos seus mais ardentes desejos é o de restaurar dignamente esta maravilhosa obra de arquitetura.

Emprega a maior atividade em seus esforços para reunir os fundos necessários e para isso, não perde oportunidade. Muito me impressionou o rosto deste nosso amigo, o Pastor; achava-o particularmente benigno e tranquilo, com olhos claros e expressivos, que pareciam dizer-me que eram dotados de algo mais do que uma visão comum; a forma da sua boca era também firme e decidida, mas singularmente doce.

Naquela noite, depois do jantar, encontrávamo-nos conversando em uma das habitações contíguas ao seu estúdio. Eu havia descoberto que o Pastor era músico, mas deste assunto, a conversa passou ao terreno do misticismo e discutiu-se sobre coisas de natureza psíquica.

Então vi que minha impressão a respeito do nosso amigo havia sido justa, pois, uma vez neste terreno, parecia estar nele como em coisa própria e apresentou-nos numerosos exemplos das suas experiências psíquicas, sem dar-lhes grande importância, pois parecia que lhe haviam sido familiares durante toda a vida.

Uma destas experiências é a que vou relatar, narrando-a o quanto lembrar-me, com suas próprias palavras: durante alguns anos da minha juventude – começou dizendo – estive *numa escola, na paróquia de Tingstäde e como minha casa estava longe, alojava-me, juntamente com outros condiscípulos, na casa de uma vizinha chamada Sra. Smith. A boa senhora tinha uma casa bastante grande e ganhava a vida recebendo hóspedes, efetivamente, não eram menos de dezesseis pessoas as que ali viviam no tempo a que me refiro.*

A senhora Smith atuava em ocasiões como assistente e ausentava-se com frequência. Uma tarde, no meio do inverno, disse-nos que precisava fazer uma visita e provavelmente não poderia voltar até o dia seguinte. Assim, organizou todo o necessário para nossa alimentação e recomendou-nos muito que tivéssemos cuidado com as luzes e o fogo e partiu.

Nas primeiras horas daquela noite, conforme o costume, nos ocupamos em preparar nossas lições para o dia seguinte. Pelas nove e meia deitamos, tendo fechado a porta e apagado a luz, mas havia na casa suficiente claridade produzida pelas lenhas acesas da chaminé, que nos permitia distinguir perfeitamente todos os objetos. Conversávamos tranquilamente, quando vimos de repente, ao lado da nossa cama e olhando-nos fixamente a figura de um homem alto, de meia idade, com aspecto de aldeão, vestido com roupas comuns de cor cinza e pareceu-nos ver-lhe um grande emplastro na perna esquerda e outro no lado esquerdo do peito. Meu companheiro deu-me uma forte cotovelada para chamar-me a atenção e murmurou: – Que homem tão feio é esse? – Fiz-lhe sinal para calar-se e ambos permanecemos quietos, observando ansiosamente. O homem esteve olhando-nos por longo tempo e logo voltou e começou a passear de cima a abaixo pela casa, produzindo seus passos, um som especial como se estivesse pisando na neve.

Foi à cômoda e começou a abrir e fechar as gavetas como se buscasse algo e depois se dirigiu à lareira e começou a soprar suavemente as lenhas ainda acesas, estendendo as mãos como para aquecê-las. Depois disso voltou ao lado da cama e de novo, começou a fixar a vista em nós. Ao olhá-lo, observamos que podíamos ver os objetos através dele: do outro lado do quarto, através do seu corpo, víamos claramente a escrivaninha e enquanto olhávamos, sua forma começou a desvanecer-se gradualmente e desapareceu de nossa vista.

O estranho acontecimento deixou-nos desorientados e nervosos, mas não nos movemos de nossa cama e por fim adormecemos. Quando nos levantamos, de manhã, nossa porta continuava fechada, mas ao referir-nos sobre o que vimos, soubemos que o mesmo visitante fantasma, havia aparecido em todos os cômodos da casa, cujas portas estavam fechadas e que as dezesseis pessoas que haviam dormido ali naquela noite, haviam visto a mesma figura. Por outro lado, algumas destas pessoas, que residiam ali há mais tempo, reconheceram na figura, o marido da nossa anfitriã, um homem vil que nunca havia feito nada útil e que durante anos havia vivido separado de sua mulher, de modo que fazia tempo que era um vagabundo.

Esta estranha coincidência foi causa para que alguns dos hóspedes investigassem se semelhante homem fora visto por aqueles arredores, esclarecendo-se que naquela mesma noite, um pouco depois das nove, havia batido à porta de uma casa de agricultura, situada a duas milhas de distância e havia pedido que lhe dessem alojamento, mas como não havia habitação disponível, indicaram-lhe que fosse para a próxima casa de agricultura, pouco distante dali.

Ao ouvir isso, os exploradores buscaram em seguida as pegadas na neve e logo encontraram as de suas pisadas.

Depois de segui-las num curto trecho, encontraram um tamanco e alguns passos mais adiante, descobriram o cadáver do mesmo homem meio enterrado sob um grande monte de neve.

Ao levantar o corpo, viu-se que tinha aderido do lado esquerdo do peito uma grande porção de neve e outra no joelho esquerdo, precisamente no mesmo ponto em que havíamos notado os emplastros brancos nas roupas da aparição. Ainda era um jovem, quando isso aconteceu, e causou-me uma impressão tão profunda e durável que conservei vividamente a recordação de tudo, durante a minha vida. Tive outras experiências, mas esta é, na verdade, uma das mais notáveis, das que me ocorreram".

Se tivésseis ouvido esta história como eu, referida de modo simples e despojado, não teriam duvidado da sua veracidade. Uma história de fantasmas muito interessante e razoável, parece-me – disse por conclusão o Arquivista.

– Deve ter sido um fantasma visível como poucos – observou nosso jovenzinho.

– Seguramente, das dezesseis pessoas, nem todas tinham visão astral.

– A visão etérea teria sido suficiente em tais circunstâncias – disse o Vagabundo – o homem acabava de deixar o corpo dentro e estaria revestido do etéreo. Muitas pessoas estão tão próximas do desenvolvimento da visão etérea, que uma ligeira tensão de nervos basta para ocasioná-la; num estado normal de saúde até os cegos veriam o etéreo.

Uma amiga desenvolvia às vezes, este sentido. Sempre que se encontrava fatigada, enferma ou extremamente preocupada, começava a ver fantasmas que desapareciam tão logo como seus nervos voltavam ao estado normal. Uma vez teve uma experiência muito angustiosa imediatamente depois do falecimento de uma amiga muito querida, que surgiu como um fantasma, todavia revestida do seu corpo etéreo em decomposição.

Esta horrível vestimenta desfazia-se à medida que se descompunha o corpo enterrado; de sorte que o pobre fantasma aparecia cada vez mais andrajoso e muito mais horrível ao transcorrer do tempo.

Madame Blavatsky, ao ver a desagradável visitante sempre ao redor da pequena casa do jardim, libertou-a bondosamente do seu incômodo entorpecimento, passando então à vida astral normal. Não obstante, a visão etérea não é bastante comum para explicar de todo satisfatoriamente, como foi visto por tanta gente o fantasma sueco.

– Parece que há dois modos de fazer-se visível um fantasma a pessoas que não possuem a visão etérea nem a astral – disse o Pastor.

– Bem pode estimular-lhe temporalmente a vista física, dando-lhe o poder etéreo ou pode adensar-se o suficiente para que o perceba a visão ordinária. Creio que não compreendemos como se materializa uma pessoa comum. Sabemos perfeitamente como materializar nossos próprios corpos astrais quando é necessário e vimos nosso jovem materializar-se sob o império de uma forte emoção e grande desejo de socorrer, ainda quando não sabe, todavia, fazê-lo cientificamente e à vontade. Mas, depois do que chamamos de morte, a alma desencarnada, em regra geral, não sabe como materializar-se, ainda que possa em seguida aprender a fazê-lo, se a ensinarem, como pode ver-se em muitas sessões espíritas.

Quando uma pessoa se mostra depois da morte ante a visão comum, suspeito que geralmente se achasses dominada por algum desejo veemente e trata de expressá-lo; inconscientemente se materializa sob o impulso do seu desejo, mas não vê claro, o *modus operandi*.

Provavelmente, o homem em questão buscava um abrigo, seus pensamentos dirigiram-se de modo intenso a sua casa e isso lhe deu o impulso que o materializou.

– Pode ter buscado sua esposa de um modo vago – acrescentou a Marquesa. – Muitos vagabundos que tornaram seu lar insuportável, voltam a ele quando se encontram em desgraça. Provavelmente este homem era menos desagradável em sua forma etérea do que na física.

– Não devemos esquecer – disse o Doutor – que há outra possibilidade em semelhante aparição. O cérebro de um homem moribundo envia um pensamento vigoroso que choca contra o cérebro da pessoa em quem pensa, fazendo surgir num quadro, uma imagem mental de si mesma, a qual pode ser projetada pela pessoa receptora e ser vista por ela como uma forma objetiva. Então teríamos uma aparição fixa da alucinação, como diriam nossos amigos da Sociedade de Investigações Psíquicas.

– Os astrais sujeitos à terra são responsáveis por mais aparições do que os duplos etéreos – observou o Vagabundo.

– É curioso como estão apegados aos locais onde ocorreram crimes, ainda é talvez mais curioso – replicou o Pastor, – quando estão apegados a objetos, como teve ocasião de notar uma vez. Um amigo meu possuía um punhal a que se lhe atribuía a terrível propriedade de inspirar a todo aquele que o empunhava, o desejo de matar alguma mulher. Meu amigo era cético, mas olhava o punhal com certa dúvida, porque quando o pegava, sentia-se tão estranho que em seguida o soltava.

Era notório que pelo menos duas mulheres haviam sido assassinadas com aquele punhal. Uma vez o peguei para fazer alguns experimentos e me senti só um dia com o punhal na mão. Senti a curiosa sensação de como se alguém o tirasse de mim, como se alguém tratasse de me fazer andar; neguei a mover-me e tratei de ver o que era. Vi um homem de aspecto selvagem que parecia muito encolerizado porque não obedecia a seus esforços e tratava de meter-se dentro de mim, por assim dizer; tentativa a que, naturalmente me opus.

Perguntei-lhe o que estava fazendo, mas não me entendeu. Então olhei mais para cima e vi que sua esposa o havia deixado por outro homem, que os havia encontrado juntos e lhes havia dado várias punhaladas com a arma do mesmo homem, a arma mesma que eu tinha na mão.

Logo havia jurado vingança contra a totalidade do sexo feminino e matou a irmã da sua esposa e outra mulher. Depois de morto se apegou de tal forma ao punhal que deixava obcecados seus diversos possuidores, impelindo-os a assassinarem suas mulheres e com prazer selvagem contemplava seus êxitos assassinos.

Grande foi sua cólera ante a minha inesperada resistência. Como não podia fazer-me compreender por ele, encaminhei-o a um índio, amigo meu, que gradualmente o conduziu a um melhor ponto de vista sobre a vida e consentiu que seu punhal se destruísse e o enterrasse assim o fez rompeu em pedaços e o enterrou.

– Onde? – perguntou nosso jovem, aparentemente inclinado a desenterrá-lo.

– Nos arredores de Adyar – replicou o Pastor, sentindo-se seguro de que estava fora do seu alcance e concluiu em voz baixa – de qualquer modo o teria destruído, ainda quando o fantasma não quisesse. Não obstante, foi melhor para ele ter consentido.

– Os fantasmas deste mês – disse o Erudito – não são, na verdade, uma agradável companhia. Seguramente poderíamos encontrar algumas entidades astrais que gozaram de melhor reputação. – Os astrais realmente úteis são, na maior parte das vezes discípulos ocupados no serviço, melhor que fantasmas comuns – disse o Vagabundo

– Na reunião do mês que vem devemos apresentar casos de trabalhos recentemente concluídos no plano astral. Um unânime *"De acordo!"* encerrou a reunião.

– É interessante observar – disse o Vagabundo, quando estiveram reunidos os amigos ao redor do fogo em sua conversa familiar de todos os meses – quão a miúdo ouvimos referências às histórias de capitães de barcos aos quais algum visitante misterioso despertou e induziu a mudar de rota.

Uma vez, viajei com um capitão que me contou algumas das suas próprias experiências e entre elas, a de um homem que penetrou no seu camarote vestido com um impermeável escorrendo água e lhe rogou que tomasse certa direção, a fim de salvar alguns náufragos.

O capitão assim o fez e encontrou um grupo de marinheiros náufragos e entre eles havia um que reconheceu seu visitante. A melhor e mais típica história deste tipo é, talvez, a que tão bem conta Roberto Dale Owen em sua obra: *Rastros nas fronteiras do outro mundo*; aquela em que o piloto viu uma pessoa estranha escrevendo na lousa do capitão esta ordem lacônica: *Rumo ao noroeste*. O capitão, ao ouvir a narração do piloto e ao ler aquelas palavras, decidiu seguir a indicação e ao fazê-lo, salvou alguns náufragos, entre os quais, o piloto, reconheceu o misterioso visitante.

Outra história parecida, ainda que difira de um modo curioso em alguns detalhes, apareceu ultimamente num dos nossos jornais. Ainda quando não se chegou a comprovar, é bastante típica para levá-la em consideração. Intitula-se *"Tripulação salva por um fantasma"*, mas este fantasma parece ter sido a alma de um homem, que vivia neste mundo, revestido do corpo astral, como acontece normalmente durante o sono. Aconteceu desta forma:

"Muitos são os incidentes estranhos que acontecem no mar, mas nenhum supera o que aconteceu a Benner o capitão do bergantim, Mohawk, pequeno navio que se ocupava no comércio das Índias Ocidentais".

Uma vez partiu de Saint Thomas, seu último ponto de escala, de regresso a seu país. Seguindo rumo nordeste, navegava a pouca vela com um forte vento e o mar embravecido, resto de um furacão que havia atravessado os trópicos, cinco a seis dias antes. O capitão, depois de permanecer algumas horas sobre a cobertura, baixou ao seu camarote à meia noite, recomendando ao oficial da guarda que mantivesse o rumo que se seguia e o chamasse em caso de piorar o tempo. Deitou-se num sofá, mas ao dar as duas no relógio do barco, pareceu-lhe distinguir, na débil luz do camarote, a figura de um homem com uma espécie de capote verde. Logo ouviu estas palavras: "Capitão, mude o rumo para o sudeste".

O capitão Benner levantou-se e subiu à cobertura, onde viu que o mau tempo havia amainado e que o bergantim levava mais velas e navegava melhor. Perguntou ao piloto de serviço para que o havia mandado chamar, o oficial respondeu que não havia feito tal coisa.

O capitão, achando que teria sido um sonho, voltou ao seu camarote, mas logo teve a segunda visita do homem de capa verde, que lhe repetiu sua ordem anterior e desapareceu pela escada.

O capitão, que então estava bem desperto, levantou-se de um salto e correu atrás daquela figura, mas não viu ninguém até que encontrou o piloto, que insistiu que não havia mandado ninguém descer.

Mortificado e perplexo, o capitão Benner voltou ao seu camarote e tornou a ver seu singular visitante e ouviu repetir a ordem de mudar o rumo para sudeste e além do mais, com a seguinte advertência: "Se não o fizer logo, será demasiado tarde"; em seguida desapareceu novamente. Subiu à cobertura e deu as ordens necessárias para mudar o rumo do navio para o sudeste. Os oficiais não só se surpreenderam, como ficaram indignados, finalmente resolveram apoderar-se do capitão e o prenderam; mas pouco depois do amanhecer, o vigia anunciou um objeto na proa. Ao aproximar-se o navio, viram que era um bote que continha quatro homens deitados em baixo dos bancos, um dos quais vestia uma capa verde.

O Mohawk alinhou-se, desceu um bote e recolheu os náufragos. Eram eles o capitão e três homens, únicos sobreviventes da tripulação de um barco afundou devido ao furacão e que haviam estado vagando sobre as ondas, sem alimento, durante cinco ou seis dias. A capa verde pertencia ao capitão salvo, que poucos dias depois havia recobrado suas forças, podendo deixar o leito.

Um dia achava-se no camarote principal com o capitão Benner e repetidamente perguntou-lhe se acreditava em sonhos.

– Desde que estou aqui – continuou – tenho estado pensando o quanto familiar me é este camarote; creio que estive aqui, antes. A noite anterior ao dia em que nos salvou, sonhei que vim aqui neste camarote e lhes pedi para que mudassem a rota para o sudeste. A primeira vez não fez caso e vim pela segunda vez, ainda em vão, mas na terceira modificou a rota e ao despertar, vi o barco ao nosso lado.

Então o capitão Benner, que havia observado a semelhança de seu hóspede com o misterioso visitante, contou-lhe o que lhe havia sucedido naquela noite.

– Na maior parte destes casos, – concluiu o Vagabundo, – o visitante é provavelmente um discípulo de serviço no plano astral, algumas vezes, um dos que acha um perigo e vai ao auxílio.

– Assim é – disse o Pastor – mas acontece muito frequentemente que os protetores invisíveis exercitados em nosso círculo, buscam deste modo, a ajuda física para os náufragos. Algumas vezes basta um sonho muito vívido causado pelo lançamento de uma ideia na mente do capitão, enquanto está dormindo, para induzi-lo a agir; pois os marinheiros, por regra geral, acreditam no *sobrenatural*, como erradamente é chamado à nossa vida do além.

O sonho, seguido de um rápido despertar de modo que produza um ligeiro choque, às vezes é suficiente para causar o efeito desejado. É possível, também, evitar um acidente que se considere próximo a ocorrer como um incêndio, um choque etc. empregando o mesmo procedimento, ou despertando repentinamente o capitão, fazendo-o se sentir inquieto e temeroso pelo tal acidente, de maneira que suba rapidamente ao convés e revise cuidadosamente todo o navio. Deste tipo de trabalho, muito mais poderia ser feito se houvesse um número maior dos nossos estudantes que levassem a vida que se requer com a finalidade de adquirir aptidões para prestar serviços quando a alma está fora do corpo durante o sono.

— E este mesmo trabalho constitui sua própria recompensa — respondeu o Vagabundo.

— Os contratempos que o cérebro etéreo costuma dar-nos nesta matéria são curiosos — observou o Erudito. — Muitas vezes, de manhã, encontro-me recordando os sucessos da noite, como se eu mesmo tivesse sido o herói da tragédia, em que tão só prestei auxílio. Por exemplo: Uma noite, eu estava fazendo o possível, no alto das montanhas, em meio a uma luta, para evitar um acidente, tive que ajudar um soldado que carregava um canhão puxado por cavalos e corria a toda velocidade por um declive, com perigo iminente de arrebentar-se no solo; logo em minha memória, em estado de vigília, parecia que eu mesmo havia sido o condutor dos cavalos.

Lembro-me que numa noite tive que afastar do perigo, um homem que trabalhava num edifício onde ia ocorrer uma terrível explosão e não podendo apartá-lo dali, ocorreu a explosão e saí disparado com ele pelo ar; assim que ficou desprendido do seu corpo, expliquei-lhe rapidamente, que tudo estava perfeito e que não havia porquê alarmar-se: na manhã seguinte tive a impressão de ter sido eu lançado pela explosão e ainda quando depois de tudo me achava são e salvo, percebia perfeitamente o cheiro do gás asfixiante e do lodo.

– De fato: tem um modo especial de identificar aqueles a quem prestam auxílio – disse – o Pastor. – Parece que uma espécie de simpatia os faz experimentar o mesmo que eles, exatamente naqueles momentos e ao despertar, o cérebro mescla a identificação das entidades e se lhe apropria de todo.

– Bruno descrevia nossa natureza inferior como se fosse um asno – observou o Vagabundo – e realmente há muito de asno no corpo que temos de usar aqui em baixo; isso, sem contar os atributos do corpo astral, pelo menos, enquanto não se tenha purificado por completo e não se encontre limitado a suas próprias funções de simples veículo.

– É bom falar de socorrer gente livrando-a do perigo, mas muitas vezes isso se torna muito difícil – exclamou em tom queixoso o Arquivista, quando os amigos encontravam-se reunidos sob uma frondosa árvore no jardim, que em unânime acordo escolheram para suas reuniões de verão – ocorreu noutra noite, uma curiosa experiência em que, desesperançado de impressionar o pesado entendimento humano, voltei minha atenção a um dos camelos, conseguindo com isso, o que não havia conseguido com seus donos.

– Conte! – exclamou o jovem, ansiosamente. – Poucas vezes ouvimos histórias de animais e não obstante, pode acontecer muita coisa, que se poderia saber!

– Resultado dos livros sobre as selvas de Rudyard Kipling – murmurou o Pastor em voz baixa – Andaria buscando o lobo cinzento e a pantera negra no plano astral.

– Bem, e por que não? – disse o jovem maliciosamente – estou seguro de que preferem alguns gatos a certos homens – o pastor sorriu bondosamente.

– Estávamos falando de camelos e não de gatos, conforme creio. Os gatos são outras histórias. Dê prosseguimento à sua, Arquivista – disse.

– É muito curta – respondeu o referido, levantando o olhar desde seu assento na grama (agradava ao Arquivista, sentar-se no chão com as pernas cruzadas como um índio).

– Percorria, uma vez, uma paragem deserta, não sei onde, e casualmente encontrei um grupo de pessoas, que se havia extraviado e encontrava-se em terrível conflito por falta de água.

O grupo era formado por três ingleses e uma inglesa, com criados, condutores e camelos. Sabiam que, se tomassem certa direção, encontrariam água num oásis e quis imprimir esta ideia na mente de um deles, mas tal era o estado de terror e desespero em que o grupo se agitava, que todos os meus esforços tornaram-se inúteis. Ensaiei primeiro com a mulher que rezava como uma louca, mas estava demasiado fora de si para ser impressionada: sua mente era como um rodamoinho e não era possível fazê-la chegar até ela, um pensamento definido. *"Nos salva, Senhor Deus! Nos salva!"* Gritava, mas não tinha a fé bastante para acalmar sua mente e tornar possível receber auxílio.

Tentei com os homens, um após outro, mas os ingleses estavam ocupados, elaborando as mais diversas suposições, enquanto que os condutores maometanos estavam resignados ao destino de um modo demasiado irracional para que meu pensamento pudesse chamar-lhes a atenção.

Desesperado, tentei com os camelos e para minha grande surpresa e satisfação, consegui impressionar aqueles animais com a sensação da existência de água naquelas cercanias. Começaram a manifestar sinais familiares aos seus condutores indicando-lhes a próxima presença de água e por fim consegui que toda a caravana se encaminhasse na direção. Exemplo de irracionalidade humana e de receptividade animal.

– As forma inferiores do psiquismo – observou sentenciosamente o Vagabundo – são mais frequentes nos animais e nos seres humanos pouco inteligentes que em homens intelectuais. Parece que estão relacionadas com o sistema simpático e não com o cérebro-espinhal.

As grandes células dos gânglios, núcleos deste sistema, contêm uma grande porção de matéria etérea, portanto, podem ser mais facilmente afetadas pelas vibrações astrais grosseiras do que as células em que a porção é menor.

À medida que se desenvolve o sistema cérebro-espinhal e o cérebro se desenvolve de maneira mais elevada, o sistema simpático fica em segundo lugar e a sensibilidade às vibrações psíquicas é dominada pelas vibrações mais fortes e ativas do sistema nervoso superior. É certo que num estado de evolução posterior volte a aparecer a sensibilidade psíquica; então tem se desenvolvido em relação aos centros cérebro-espinhais e encontra-se sob o domínio de sua vontade, e quando o sistema histérico é mal regulado vemos tão lamentáveis exemplos que provem do pouco desenvolvimento do cérebro, sede do sistema nervoso da sensibilidade e do predomínio do sistema simpático.

– Esta é uma teoria engenhosa e plausível – observou o Doutor – que lança bastante luz sobre casos singulares e obscuros. É só um a teoria ou está fundamentada na observação?

– É uma teoria fundamentada em observações até agora muito pouco adequadas – respondeu o Vagabundo – as poucas observações que se fizeram, indicam claramente esta explicação da base física do psiquismo inferior e do superior e concorda com os fatos observados através dos sentidos astrais nos animais e nos seres humanos de intelectualidade inferior, assim como, também, com as relações evolutivas dos dois sistemas nervosos. Tanto na evolução dos seres vivos como na do corpo físico, o sistema simpático precede ao cérebro-espinhal nas suas atividades e subordina-se a este último no seu estado mais desenvolvido.

– Assim é, sem dúvida, evolucionária e fisiologicamente – respondeu o Doutor de modo reflexivo – e pode ser verdade quando se trata das faculdades astrais em relação com a base física pela qual se manifestam aqui na terra.

– Falar sobre os animais me lembra os espíritos da natureza – disse o Erudito – os quais são considerados às vezes como os animais da evolução dévica.

Outra noite tive uma visita de alguns seres pequenos e alegres que pareciam muito bem dispostos.

Um deles era um elemental da água, um ser úmido, precioso, mas acho que ficou assustado com minha presença porque já não pude voltar a vê-lo.

– Naturalmente, desconfiam dos seres humanos – observou o Pastor – por sermos uma raça tão destruidora, mas não é difícil travar relações amistosas com eles.

– A bibliografia da idade média está cheia de histórias acerca dos espíritos da natureza – disse o Abade, que compareceu ali, naquela noite, numa das suas raras vistas a Londres – podemos vê-los de todas as formas: fadas, duendes bons e maus, gnomos, ondinas, anões e seres de classe mais tenebrosa que participam de toda sorte de horrores.

– Estranha ideia – disse o Vagabundo – a que os representa como seres irresponsáveis, sem alma, mas capazes de adquirir a imortalidade pela mediação do homem. Minha tia enviou-me, há pouco, uma história encantadora que relata a Mitologia alemã de Jacob Grimm, a respeito de um espírito da água. Falando das oferendas que os homens lhes fazem disse: apesar do Cristianismo proibir tais oferendas e representar os antigos espíritos da água como seres diabólicos, as pessoas, não obstante, conservam certo temor e reverência a eles que, na realidade, ainda não abandonaram toda crença no seu poder e inteligência; consideram-nos seres ímpios que algum dia poderão se salvar.

Esta classe de sentimentos pertence à lenda comovedora de que o espírito da água não apenas quer uma oferenda para sua instrução na música, senão uma promessa de ressurreição e de redenção.

Dois meninos brincavam ao lado de uma fonte, a Ondina estava sentada e tocando harpa, as crianças dirigiram-se a ela: *"Ondina, porque está sentada aí, tocando? Você não pode se salvar".* Então a Ondina começou a chorar amargamente, atirou a harpa e mergulhou na água profunda.

Quando as crianças voltaram para casa, contaram o acontecido ao pai que era um sacerdote. O pai disse: "vocês *pecaram contra a Ondina, voltem para consolá*-la *e prometam-lhe a redenção".* Quando voltaram à fonte, a Ondina estava sentada à margem, chorando. As crianças disseram-lhe: "*Não chore assim, Ondina, nosso pai disse, que teu Redentor também vive".* Então a Ondina pegou alegremente a harpa e voltou a tocar suaves melodias até depois do poente. Eis a história.

– Esse é um meio muito fácil de salvá-la, geralmente se crê que se há de casar com o espírito – observou o Abade em tom lamentável, como se lembrasse de alguma experiência desagradável da idade média. – devia-se aceitar aqui o purgatório, a fim de alcançar para a entristecida Ondina, a entrada no paraíso.

Uma explosão de risos acolheu esta exclamação patética e a Marquesa disse:

– Ainda persistem algumas ideias da idade média. Numa carta que recebi da Itália, li este curioso relato: Numa aldeia, chamada Gerano, próxima de Tívoli, a uns 27 km de Roma, tem, por costume, as babás, especialmente, na véspera de São João, esparzir sal no caminho que conduz às suas casas e colocar duas vassouras novas em forma de cruz na entrada, na crença de que, desta maneira, protegem as crianças contra o poder das bruxas. Crê-se que as bruxas têm que contar todos os grãos de sal e as cerdas das vassouras antes de entrar nas casas e que este trabalho deve estar concluído antes da aurora, porque depois já ficam impotentes para causar qualquer mal à criança.

Em Marca de Ancona, às margens do Adriático, considera-se necessário, a todo tempo – pelo menos, aqui, assim me contou a recepcionista que é daquele lugar – onde há crianças de peito, não se deve deixar de ter sal ou levedura em casa. Além do mais, não devem deixar as roupas das crianças ou as fraldas a secar fora, depois do poente e se passada esta hora, tiverem necessidade de estendê-las fora, devem tomar muito cuidado de levá-las, arrastando-as junto às casas, à sombra das grutas e se tem que atravessar por algum lugar descoberto, fazê-lo o mais rápido possível.

Estas precauções são igualmente contra as bruxas.

Também me contou a recepcionista, que um dia, sua mãe, depois de dar banho e vestir seu irmão, colocou-o na cama e por um compromisso numa residência próxima deixou a casa por um breve tempo. Ao voltar, encontrou a porta de casa aberta e a cama encontrou-a vazia.

De início, isso não a alarmou, porque pensou que alguma vizinha, ao ouvir a criança chorar, a levaria para sua casa. Depois de verificar tudo, ninguém o tinha visto nem ouvido chorar o que causou alarme e buscas.

Depois de certo tempo, a mãe, ao fechar a porta, encontrou a criança no chão de bruços, quase asfixiada. Podem imaginar sua consternação. O fato foi atribuído às bruxas.

– Pobres bruxas! Foram as testas de ferro da ignorância e o temor humano desde tempos imemoriais – respondeu o Doutor – é uma sorte que muitos dos nossos hipnotizadores e médiuns tenham vivido no século XIX, mas é muito provável que vejamos a queda da bruxaria moderna quando se chega a conhecer as forças ocultas e se usam algumas delas perversamente. Temos aqui um notável relato que me enviou da Inglaterra um dos nossos membros – disse o Vagabundo – As pessoas são muito conhecidas, alterarei só os nomes.

Quando meu irmão mudou-se para Londres, em 1890, procurei comprovar se era possível impressioná-lo através da telepatia. Tínhamos previamente realizado durante certo tempo, experimentos relacionados com o hipnotismo; pelo que imaginei se a telepatia, um objeto de especial atenção, existia base positiva para acreditar nela, sua possibilidade devia ser facilmente demonstrada por nós, devido a nossa estreita relação fraterna.

Portanto, me preparei para chegar até ele, desde a cidade em que me encontrava a 182 km de Londres. Sentei-me numa cadeira diante de um espelho negro, côncavo, no meu dormitório, procurando formar mentalmente seu retrato.

Ele havia-me dito que se eu conseguisse fazê-lo mover ou executar algo, quando a visão mental fosse perfeita, então estaria em relação com ele, o suficiente para fazê-lo receber qualquer mensagem que eu desejasse transmitir.

Assim permaneci naquela atitude, até que pude vê-lo tão claramente com o olho mental, como posso fazê-lo através dos olhos físicos. Quando consegui sua visão, ordenei-lhe mentalmente virar a cabeça e olhar para mim, e assim o fez; em seguida, mandei-o levantar o braço direito e pegar um relógio de bolso, obedeceu igualmente.

Neste momento aconteceu algo particular. Ainda que visse meu irmão, não podia ver o relógio que imaginei, estivesse nas mãos dele. Imaginei que podia vê-lo se fosse capaz de ocupar sua posição, de modo que, mudando de posição, olhando através dos seus olhos pude ver o relógio.

Tão rápido como vi as horas, dez minutos para as oito, desapareceu da minha vista e recobrei de novo a consciência. Estava extremamente fatigado pelo esforço mental e ainda que conservasse na memória os acontecimentos, com toda nitidez, era preciso admitir que não houvesse nenhuma prova decisiva do nosso contato direto.

Ocorreu-me a ideia de que não seria obra da minha imaginação, não obstante, a convicção de que na realidade o havia impressionado. Sentei-me ali às sete, já eram dez para as oito e praticamente não havia feito nada. Sentia-me defraudado e enfastiado no meu propósito, mas naquela noite, antes de dormir, determinei fazer outra prova, pensando que, talvez, durante o sono, poderia executar o que desejava, com maior facilidade do que pelo método que acabava de por em prática.

Às nove e meia dediquei-me a isso, mas não da maneira usual. Por alguma razão, desta vez, havia colocado o travesseiro aos pés da cama, de bruços, com os braços estendidos, formando ângulos retos com o corpo e o rosto apoiado sobre o travesseiro. Permaneci escassamente um minuto nesta postura, lembrando o quadro que havia visto do meu irmão, quando, de repente, senti um estremecimento de intensa energia elétrica subir pela minha espinha, terminando numa pinçada no centro da cabeça.

Não pude afirmar se aquilo era frio ou calor, mas sim, que era extremamente doloroso. Em seguida, pareceu-me estalar a cabeça e eu me senti em pé no quarto, frente uma grande massa informe luminosa e dourada, no meio da qual havia um relógio suíço, muito estreito, a caixa de prata sem tampa, gravado no verso, com três amassados.

O relógio era de prata, com números e ponteiros ornamentados de ouro. Soube instintivamente que era o relógio do meu irmão, e assim mesmo, se desejava saber mais a respeito, tudo se revelaria apenas fixando minha atenção nele. Observando, notei que o relógio marcava dez para as oito e voltando imediatamente a meu corpo, despertei e inverti minha posição, deitando-me para dormir.

Quando despertei na manhã seguinte e passei a mão por baixo do travesseiro para pegar meu relógio, não me surpreendeu ver que também marcava dez para as oito. A algumas pessoas pode-lhes acontecer que ao se deitarem pensando na hora em que devem levantar-se, despertam invariavelmente naquela hora.

192 ♦ Os Protetores Invisíveis

Lavei o rosto, vesti-me apressadamente, indo em seguida ao restaurante. Meu outro irmão, James, que estava ali, fazendo seu desjejum, ao ver-me entrar exclamou: *"Olá Ned! O que aconteceu? Não dormiu bem? Você está muito abatido"*.

Mas em vez de responder, fiz estas perguntas: *"John tem um relógio suíço, com a caixa de prata gravada, três amassados e números ornados de ouro?"* Ao referir-me a cada um destes detalhes, olhava-me surpreso e no fim respondeu:

– Sim, mas você nunca viu esse relógio. O enviei a ele faz uns quinze dias. Três semanas depois, recebi uma carta do meu irmão, John, avisando que vinha ver-nos e me pedia para esperá-lo na estação, mas não disse a que hora chegaria. Não obstante, esperei o trem chegar ao que me pareceu mais provável que viesse. Logo o vi descer, ele me viu ao mesmo tempo e esperei que viesse. Tão logo se acercou, apertamo-nos as mãos, exclamando ambos no mesmo instante: *Dez para as oito*.

Devo realçar que não nos havíamos escrito a respeito do objeto da nossa experiência, mas é evidente, conforme nossas exclamações, que os dois estavam igualmente seguros de que o outro sabia de tudo.

– Este relato do assinante quando estava estendido na cama demonstra – disse o Vagabundo – que é algo mais do que um simples caso de telepatia. Sua dor aguda, a explosão percebida e o estado posterior, provam que se afastou do seu corpo com inteira consciência. É uma verdadeira lástima que sua mente estivesse fixa num assunto tão superficial.

– As experiências casuais que não são resultado direto da educação e que a nada de particular conduzem, não deixam de ser comuns – indica o Pastor.

– Há uma carta aqui, procedente da Inglaterra, escrita por uma senhora desde um Asilo para convalescentes, em que faz referência a uma destas experiências:

No verão passado (1908) aconteceu-me um caso estranho. Tínhamos em W... uma paciente – a enfermeira K – que estava muito grave, creio que era muito sensitiva, ou melhor dizendo, muito estranha. No dia em que chegou me disse:

– O senhor é teósofo?

– Como você sabe? – perguntei-lhe. Explicou-me que podia vê-lo diretamente em mim.

Alguns dias depois me perguntou:

– O Senhor fica cansado ou lhe incomoda ter que vir pelas noites para ficar ao meu lado? Porque, se é assim, não o farei vir, ainda que para mim é um grande alívio a sua presença aqui.

Disse-lhe que nunca tinha ido a noite para ficar ao seu lado, mas ela insistia em dizer que sempre que ela estava sentindo muita dor, eu me aproximava para segurar sua mão até que a dor melhorava.

Desde aquele então me disse que muitas vezes, à noite, eu tinha ido a confortá-la.

Depois me escreveu dizendo que uma daquelas noites em que desejava que estivesse com ela, apareci, beijei-a e segurei sua mão. Naquela ocasião, me disse que estava usando um vestido novo. Retornei rapidamente e a recebi na porta, trajando aquele mesmo vestido que antes, ela não tinha usado.

Estas experiências – disse o Vagabundo – estão naturalmente tornando-se mais frequentes à medida que a humanidade penetra na região fronteiriça, em proporção crescente.

É da mais imperiosa necessidade divulgar conhecimentos sólidos sobre estes assuntos, a fim de evitar os possíveis perigos que vêm conjugados à ignorância e ao receio.

O relato que segue, enviou-nos um correspondente digno de crédito – disse o Vagabundo – e prosseguiu:

– Em Melbourne (Austrália) vive uma menina de quatro anos de idade reiteradamente relata aos seus amigos de maior confiança, a seguinte experiência:

– Quando eu era maior, tive outra mãe, diferente da que agora tenho. Obrigava-me a ir à escola todos os dias; o professor era muito cruel comigo, castigava-me a todo o momento. Um dia, um grupo de soldados arrebatou minha mãe e fomos levadas para um grande navio. Ali, capturadas por esse grupo de soldados fui fuzilada, enquanto isso um deles gritava para mim: *"O diabo que a carregue"*. Ao perguntar a um dos meus amigos se isso havia ocorrido em Melbourne, obteve-se esta resposta: *"Não, nos Estados Unidos"*.

Quando a criança se fere a esta experiência, nunca altera, nem o mais leve detalhe, tem sua cabecinha cheia de muitos outros incidentes daquela época, mas costuma falar disso quase sempre.

Alguns dos nossos membros entrevistaram os atuais pais sanguíneos da menina, que nunca tinham ouvido falar de reencarnação e tinham certeza de que tudo aquilo não era mais que obra da imaginação da filha, não obstante se viam perplexos ao considerar a procedência daquelas ideias da criança, pois ela, quase sempre, esteve isolada com eles na área rural, sem relacionar-se com outras pessoas, nem ainda, com as crianças da sua idade.

A menina está muito pouco desenvolvida em relação a sua idade, apesar de que seu olhar tenha a expressão de uma pessoa de idade madura. Sinto ter que declarar que, provavelmente sua existência presente será muito curta.

Também temos aqui outro relato de um irmão, teósofo, cuja abnegação deve servir de exemplo e ao mesmo tempo, sua história é um belo crepúsculo, disse o Pastor:

Dois jovens amigos, de vinte e oito e trinta anos iam juntos de passeio durante a tarde do dia 24 de julho de 1910. De repente, um deles percebeu um odor especial que o obrigou a interrogar seu companheiro: *"No sente um odor desagradável?"* ao que o outro respondeu com um simples *"não"*. Dois ou três minutos depois, o odor havia desaparecido.

No dia seguinte, os dois amigos davam um passeio, como faziam habitualmente, quando, na mesma hora, (aproximadamente 5,45 da tarde) ainda distantes do lugar, onde na tarde anterior ocorrera o efeito, o mesmo jovem percebeu igual odor como o dia anterior.

No momento, deteve-se, procurando, com atitude positiva, fazer um reconhecimento ao seu redor. Seus olhos físicos nada puderam ver, mas percebeu, por algum meio, que a dois ou três metros de distância, havia uma entidade maligna.

Olhava fixamente para aquela direção, quando recebeu esta espécie de mensagem mental da entidade: *"Regresso para quem me envia?"* Mas aquele era membro da S.T. e considerou que seria pouco teosófico permitir que uma forma inferior de pensamento retomasse sobre quem a havia emitido.

Recordando Gurudeva, respondeu mentalmente: *"Não, não regresse, descarregue sua força sobre mim".* Nem bem havia dito isso, sentiu que sobre sua cabeça descia algo tenebroso que ia estendendo por todo o corpo, deixando-o exausto. Sua fraqueza apenas lhe permitia continuar caminhado, mas esforçou-se por prosseguir, a fim de que seu amigo não começasse a preocupar-se por tão repentina indisposição. Não obstante, desde aquele momento em que a entidade maligna tomou posse do seu corpo, não cessou de meditar sobre a unidade de todos os seres, enviando pensamentos de amor àquela entidade. Em poucos minutos sentiu que ela descia pouco a pouco por seu corpo, recuperando completamente seu vigor nuns quinze minutos.

Durante todo este tempo não havia dirigido a palavra ao seu amigo. Uma vez recuperado seu estado normal, unicamente uma ligeira debilidade, nada mais.

Desde aquele dia, ainda quando frequentemente passo por aquele mesmo lugar, nosso homem jamais percebeu mais odores daquela espécie.

– A miúdo ouve-se dizer – indicou a Marquesa – que as pessoas agonizantes aparecem aos amigos ausentes. Ainda que não tivesse nada de agradável, também passei por uma dessas experiências.

Num verão, foi convidada uma jovem a passar uma curta temporada com sua tia que se havia casado com um nobre provinciano, cujo antigo castelo ocupava uma das mais deliciosas paragens da montanha.

A jovem sentia-se encantada, não só pela temporada agradabilíssima que esperava passar com outros parentes em casa de sua tia, senão porque havia-lhe dito que também se encontrava ali a mãe dela, por quem a jovem guardava uma especial predileção e a quem se sentia estreitamente unida por um misterioso laço de carinho.

A realidade foi ainda superior quanto ao que ela havia imaginado tudo ali era festa e alegria que os velhos membros da família se esforçavam em proporcionar aos seus hóspedes. Passaram-se dias, até que o dever chamou a jovem ao seu lar paterno. Só de vez em quando recebia cartas de seus parentes da montanha, alegrando-se ao saber que a mãe de sua tia gozava de boa saúde.

Chegou o inverno.

A própria menina escreve:

"Despertei certa manhã, antes de clarear o dia, Do quarto da minha mãe, a luz opaca de uma lâmpada iluminava minha casa. Pareceu-me muito cedo para levantar e novamente a dormir".

Mas o que era aquilo? Envolta no vestido lilás pálido que tão a miúdo usara naqueles dias felizes de verão, minha tia anciã sai do quarto de minha mãe em direção para onde eu me encontrava. Aproximando-se sobre minha cama, inclinou-se sobre mim e me deu um abraço, apertando-me cada vez mais.

Não podia respirar, experimentando uma dolorosa agonia.

A luta prosseguiu deste modo, até que passado algum tempo, a aparição desvaneceu-se e a jovem pôde respirar. Naquele instante soou o sininho indicando que já eram as seis horas.

Era manhã de uma sexta-feira. Poucos dias depois recebi a notícia de que a idosa havia falecido na mesma sexta-feira, às seis horas da manhã. Foi ela no seu corpo astral que veio visitar a jovem ou ela se transportou no seu próprio corpo astral e ficou diante do leito mortuário da tia?

– Provavelmente foi a anciã quem foi fazer a visita – disse o Vagabundo – porém em estado semi-consciente; consciente do seu amor pela jovem e inconsciente de que sua manifestação era pouco carinhosa. Ou, também a jovem tivesse ficado com medo e o susto a fez sentir aquela espécie de asfixia.

– A experiência que vou ler – disse o Pastor – foi enviada por uma correspondente, mas não a vejo com clareza. Diz o seguinte:

No começo da guerra russo-nipônica, tinha a meu serviço, na qualidade de criado, um japonês que desconhecia por completo a língua inglesa. Diariamente, tão logo terminava seus afazeres, trazia-me os jornais, pronunciando sempre o mesmo estribilho, que abrangia todo o seu inglês: "*Senhora, Japão-Rússia?*" Então eu procurava com a ajuda de sinais, planos e desenhos, fazê-lo compreender as notícias. Se não fosse pelo desejo ardente que o japonês sentia por conhecer as notícias da guerra, parece-me que eu teria lido os diários com dificuldade e menos, todavia, as notícias da guerra, ainda que minha simpatia se inclinasse para o Japão; não obstante, a princípio não experimentei absolutamente nenhum entusiasmo.

Finalmente uma particular exaltação se apoderou de mim, da qual parecia que eu não tomava parte; apoderava-se de mim sem que minha vontade entrasse em jogo. Ocorria-me isso, em casa, nas ruas, em qualquer lugar. Tratei de afastá-la, mas outra vez me possuía, ainda muito depois do japonês haver sido convocado por seu Governo, para que se incorporasse às filas do exército.

Em algumas ocasiões sentia-me ginete sobre um brioso corcel que cavalgava impetuosamente e saltando superava todas as dificuldades, levando grandes exércitos e inspirando-os no avanço e perseguição do inimigo. Meu nobre cavalo branco tão logo avançava com fúria, pois sabia tão bem quanto eu que no momento éramos a energia centrípeta e o poder de onde os grandes exércitos tiram seu entusiasmo. Pretendi, com todas minhas forças, distanciar isso de mim e tive êxito, mas apenas por muito curto tempo, pois quase imediatamente me encontrei outra vez, cavalgando soberbamente o maravilhoso corcel, cruzando o espaço, saltando em ocasiões, por cima dos grandes exércitos que eu podia conduzir vitoriosamente. Não só podia antever os perigos, mas também possuía a faculdade de salvar os soldados.

Este entusiasmo extraordinário invadia prazerosamente todo o meu ser. Este fenômeno durou, com todo seu vigor, por alguns quatro meses seguidos, terminado pela metade da guerra, desde cuja data não voltou a se repetir.

Enquanto durava aquele estado, conservava sempre minha consciência comum, mas estava absorvida pelo fenômeno que ocorria. Em aparência, eu me encontrava ali, cavalgando à frente do exército, levando inspiração às fileiras japonesas e o terror e o espanto aos russos, quando estes me viam a cavalo no ar, os vi agacharem-se e olhar para trás muitas vezes.

Não encontro explicação que possa ter esta experiência, mas ocupou todo o meu ser por bastante tempo; não sou e estou convencida de não ser outra Joana D'Arc.

– Não crê você – disse o Vagabundo – que esse peculiar entusiasmo explica tudo? Sabem quão frequentemente encontramos no mundo astral noviços que se identificam com as pessoas às quais procuram ajudar sendo lançados ao espaço numa explosão; assim, inflamada pelo entusiasmo do seu criado japonês, inclinou-se para o lado do Japão e muito provavelmente se associou a algum chefe da cavalaria.

A propósito, tive uma rara experiência naquela mesma guerra. Ao despertar de manhã, depois de estar ajudando um dos nossos soldados numa grande batalha, ouvi *"desperta já"*. O estrondo dos canhões, as vozes de comando, os feridos, gritos e demais ruídos que tão horrivelmente se produzem num capo de batalha. Todo este intolerável tumulto estava soando ao meu redor.

– Deveria estar meio dentro e meio fora do seu corpo – disse o Pastor – mas, em todo caso, tão clara percepção prolongada até a consciência ordinária, não é comum.

– Aqui tenho um notável exemplo – disse o Banqueiro – de como um pensamento vigoroso pode transpor distâncias e ainda que seja por um só instante, estender a consciência até ver e conhecer um lugar determinado, sem tê-lo visitado previamente.

Há alguns anos, celebrávamos na minha casa numa pequena reunião de teósofos, a despedida do ano velho e a celebração do novo, enviando pensamentos de amor a todos os nossos irmãos. Quando as visitas se retiraram, recolhemo-nos, os de casa, continuando eu a meditar na cama, a respeito dos pensamentos emitidos, em relação à nossa noitada e com a despedida e a inauguração de um novo ano. Antes de dormir tive a vontade de enviar um pensamento de felicidade e devoção à senhora Besant e disse a minha esposa o que ia efetuar.

Fechando os olhos, comecei a pensar na senhora Besant. Quase imediatamente pareceu-me estar diante de uma porta de cristais separada de mim por dois ou três degraus ascendentes. Aproximei-me e verifiquei o interior. Parecia ser muito de manhã ao sair o sol ou momentos depois. Diante dos meus olhos oferecia-se uma ampla residência, cujo extremo oposto não podia distinguir-se claramente por causa da escassa luz. A curta distância, diante de mim e um pouco à direita, havia uma escrivaninha, com cartas e papéis diversos, colocada sobre um estrado. Na habitação não se podiam ver cadeiras, o piso parecia recoberto com tiras de bambu ou tatame japonês em toda a sua extensão, com um tapete ou esteira junto do tatame.

Isso que tanto tempo demorei em descrever foi visão momentânea, pois em seguida vi que à distância, pelo lado oposto, descia a senhora Besant até o ponto em que eu me encontrava. Vestia seu costumeiro conjunto de cor creme. Aproximou-se da mesinha, misturou os grampos e com a mão esquerda, pegou alguns papéis que estavam sobre a escrivaninha. Dispunha-se examiná-los quando, pelo que parece, percebeu minha proximidade junto à porta de cristal. Imediatamente olhou-me por cima dos seus grampos, à medida que seu rosto surgindo do fundo de um telescópio, parecia vir para mim diretamente, tornando-se agradável por momentos à medida que se ia aproximando, até que, assumindo uma proporção gigantesca, tive receio de me chocar com ela, o que me obrigou a retrair-me violentamente. Não obstante, não estava dormindo, mas abstraído nos meus pensamentos. Em seguida, descrevi a minha esposa, a quem havia-lhe dito que ia enviar um bom pensamento à senhora Besant.

"Veja, *isso parece ser bem pouco real, pois acabam de soar as duas da madrugada e não obstante, parecia que já havia saído o sol*". Passados alguns instantes ela me respondeu: *Mas qual é a diferença de meridiano entre nós e a Índia? Não será dia lá?*

202 ◆ Os Protetores Invisíveis

Esta advertência me fez pensar que podia ser assim, pois a Itália está aproximadamente uma hora ao Leste de Greenwich e a Índia a cinco ou cinco e meia horas; assim, pois, a hora correspondente ao meu pensamento na senhora Besant, seria, em números redondos às 6h30 da manhã, na Índia. Isso tornou a questão muito mais atraente.

Anotei no meu diário e decidi esperar a comprovação por mim mesmo, sobretudo para saber se aquela habitação existia de fato. Portanto, não tinha a menor ideia do lugar onde se encontrava a senhora Besant, nem via qualquer possibilidade de poder comprovar minha experiência, pois estava só dois ou três anos na Sociedade.

No ano passado, ao vir pela primeira vez a Adyar, avivou-se em minha mente o pensamento do acontecimento, na medida em que me aproximava da residência da Srª. Besant, na Sede Central, fiquei extremamente desconcertado, ao comprovar que aquelas habitações em nada se pareciam a que vira alguns anos atrás.

É verdade que havia um tapume com uma escrivaninha em cima, mas esta casa era mais quadrada, janelas diferentes, nenhum degrau existia ali que conduzisse ao ponto de onde estava eu observando.

Absolutamente nada coincidia com meus dados da habitação observada. De modo que suspendi minhas investigações. Mais tarde, ocorreu-me que podia ter sido e Benares, talvez em Shánti Kuñja. Mas, não havendo oportunidade de visitar aquela cidade no ano passado, regressei à Europa, sem poder comprovar de modo algum minha visão.

Não obstante, este ano, as circunstâncias me levaram a Benares. E ao aproximar-me de lá, mais uma vez surgiu na minha mente a referida habitação. Isso aconteceu num carro, muito de madrugada, antes do nascer do Sol, acompanhado por bondosos amigos, ao acercarmo-nos de Shánti Kuñja, residência da Sra. Besant.

Na primeira habitação que entramos, ainda não era dia claro, havia uma ampla esteira como a descrita, mas... Esta não era a estância esperada; sua forma e suas proporções em nada coincidiam tudo era distinto.

Sem saber por que, concluí que esta era a habitação da Sra. Besant, não obstante, de novo, a realidade física se interpunha para querer demonstrar que a visão transitória havia sido errônea; era inútil, preocupar-se mais.

Não obstante, enquanto pensava assim, íamos descendo através de outra habitação, mas, em parte, por ser muito de manhã e estar só iluminada pela luz de uma lanterna e outra, devido a pouca luz que penetrava pelas janelas fechadas, não pude distinguir os detalhes. Ainda que me parecesse familiar, depois dos fracassos, preferi não pensar mais no assunto e sem outras averiguações, saí imediatamente para a galeria. Ali nos serviram um desjejum, enquanto o sol ia lentamente despontando no horizonte.

Abandonado no meu assento, passei a olhar o interior daquela estância por uma das janelas que davam no corredor, ali estava minha habitação, tanto tempo procurada, com todos os seus detalhes, tal qual eu a havia visto.

São as primeiras horas da manhã, atrás de mim, os degraus que conduzem à galeria; nela estou de pé por detrás da janela, que devido à madeira com que é construída, pode ser descrita como porta de cristais.

Diante de mim se estende uma estreita habitação escassamente iluminada, com a esteira e a escrivaninha com papéis um pouco para a direita. Fora, o sol iluminava a manhã. Só faltava a Sra. Besant descendo e olhando-me por cima dos seus grampos. Mas ela se encontrava então, na Birmânia, pelo que, desta parte, a prova não podia ter efeito.

Perguntei quem morava ali, meu acompanhante informou-me que aquele era o departamento da Sra. Besant, ocupado neste período pelo Sr. Arundale enquanto que o seu se encontrava em reforma.

– Como testemunha autêntica de vidência mental a milhares de quilômetros de distância de um lugar, para mim desconhecido, parece-me que o que antecede as evidências, tem muitos detalhes dignos de nota.

– Certamente que os tem – disse o Vagabundo – pois seria difícil, ainda que para um investigador de psiquismo, atribuir à telepatia o quadro de uma casa que você desconhecia, quando talvez, a Sra. Besant não pensava em você. Pode registrar-se como uma valiosa prova.